世界で勝負するなら
ロサンゼルスで
寿司を学べ！

2か月で
人生を変える方法

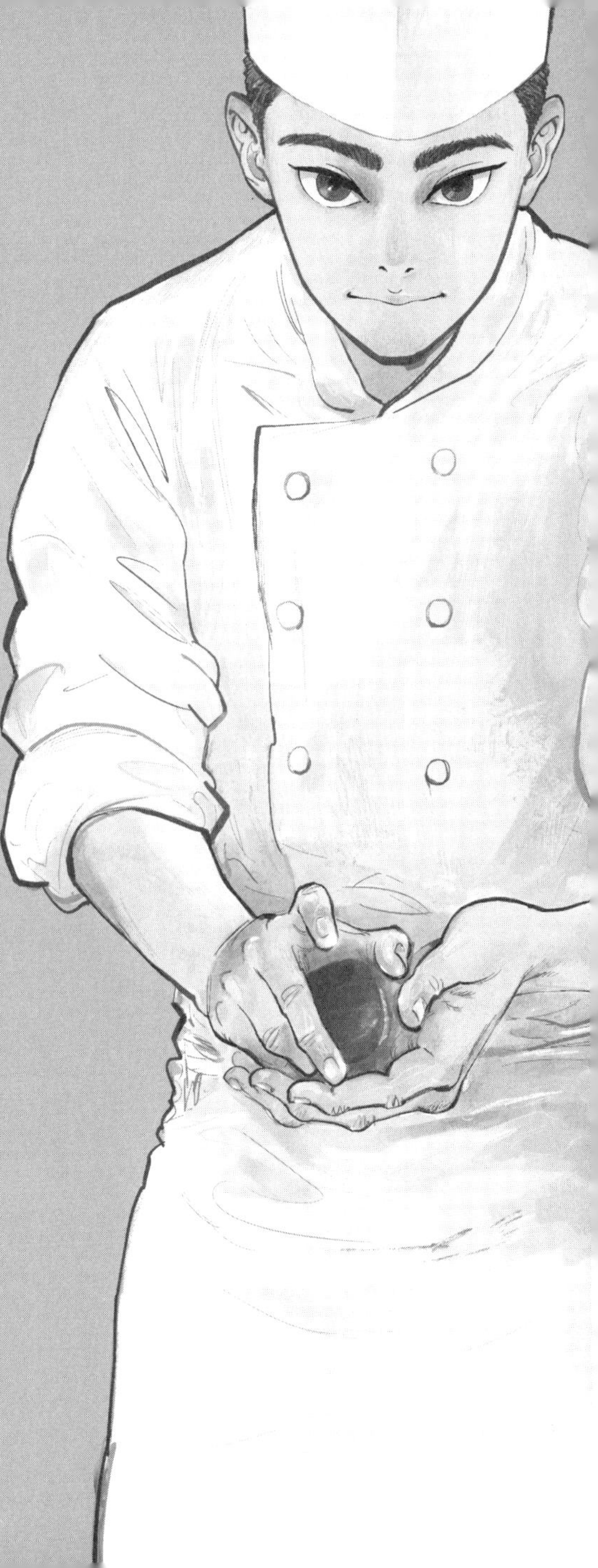

アンディ松田
Andy Matsuda

ぞうさん出版

はじめに

世界で成功を目指すなら、ロサンゼルスで寿司を学ぼう！

この本には、あなたの人生を変えるチャンスが詰まっています。たった2か月間ロサンゼルスで学ぶことで、あなたの未来は大きく広がるかもしれません。

現在、日本では海外移住への関心が高まっている一方、意外にもパスポートを持つ人の割合は約17％ほどだと聞きます。※なぜこれほど少ないの

※　2024年現在。パンデミック前は23％ほど。アメリカは約5割、イギリスは約8割、韓国は約4割、台湾は約6割の人がパスポートを保有。日本旅行業協会（JATA）の統計による。

でしょうか？　次のような理由が考えられるかもしれません。

・英語が苦手だから……
・仕事が見つからないのではと不安だから……
・年齢的に難しいのではと思うから……
・海外は怖そうだから……

確かに、こうした理由は理解できます。しかし、今、日本の皆さんに知っていただきたいのは、**〝現在、寿司シェフの需要が世界中で急速に高まっていること〟**です。ロサンゼルスで私が営む寿司シェフ養成学校「スシ・シェフ・インスティチュート」には、毎日のように「寿司シェフになりたい」という問い合わせが世界各国から寄せられています。

私は、このチャンスを日本人の皆さんにぜひつかんでほしいと強く願っています。そんな思いを込めて、私はこの本を書きました。日本の食文化を世界に広め、さらには成功を収めること。それは人生をより豊かにし、夢とロマンを叶える大きな一歩です。この本を読めば、きっと「自分にもできるかもしれない」と感じていただけるでしょう。実際、私の学校から、2か月で寿司の基礎を学び、その後、世界各地で寿司シェフとして活躍する人が数多く誕生しています。中には独立して自分の店を持ち、さらに成功を収めた人もいれば、ミシュラン三つ星のレストランで腕を振るうシェフもいます。彼らと今でも連絡を取り合い、成長を見守ることが私の誇りです。

なぜロサンゼルス?

もし、あなたが海外で日本食ビジネスを展開したいと思っているなら、海外で学ぶことが成功への近道です。中でも、アメリカの寿司レストランの市場規模は日本を抜いて世界一。さらに、ロサンゼルスはアメリカにおける寿司の先端を行く都市であり、まさに学びにふさわしいところです。

私の学校では、寿司の基本はもとより、海外の方々の味覚や寿司のトレンド、ビジネスの仕組みや物流、取引先との付き合い方、さらには開店の流れまで、実際に役立つ知識を学べます。2か月という短期間で集中して寿司の基本を確実に身に付けられ、卒業後も幅広い就職先を紹介できるネットワークも整っています。

海外で新たなチャンスをつかむ！

今、日本では地方の約40％が過疎化し、経済的にも停滞しています。そんな中、日本から海外へ目を向け、新たな挑戦をすることがこれまで以上に大切だと感じています。特に「寿司」という日本の食文化は世界で高く評価されており、寿司シェフは年齢に関係なく挑戦できる道です。

私が信じているのは、勇気を持って海外に飛び出せば、年齢や過去の経験に関係なく、成功するチャンスが誰にでもあるということです。

・新しい道を模索している若者

・中高年で新たな挑戦を探している方
・海外移住に興味がある方
・人生をリセットしたいと思っている方
・日本の将来に不安を感じている方
・海外でチャレンジしたいが不安を感じている方

この本はそんな皆さんにこそ読んでほしい本です。

私はもし、あなたがそういった状況にあり、将来を悩んでいるのであれば、いっそのこと、海外に出て挑戦するチャンスではないかと思うのです。

海外で日本食ビジネスを展開することは、日本よりも高い収益を得られ、やりがいのある挑戦です。私の学校では、多くの方が短期間で技術を学び、世界の舞台で活躍しています。日本の文化を伝承しながら、夢やロマンを追い求めるこの仕事は、まさに挑戦する価値のあるものです。

ロサンゼルスは決して遠い場所ではありません。東京から飛行機でわずか12時間。今こそ一歩を踏み出し、夢をつかむための準備を始めましょう。

夢は行動に移すことで初めて形になるもの

私が師匠からいただいた包丁ひとつを手に、ロサンゼルス空港に降り立ったのは、1981年、25歳の8月でした。あれからもう43年が経ちます。今、私はロサンゼルスから少し南のトーランス市で、寿司シェフ養成学校、スシ・シェフ・インスティチュートを経営しています。開校して22年。これまでに世界35か国から学びに来た、約2000人の寿司シェフを育ててきました。そして今日も、いつものように包丁を手に魚の捌《さば》き方を教え、寿司飯の桶《おけ》を前に握り方を指導しています。

今は交通も発達し、飛行機で太平洋を簡単に往復できる時代です。しかし、当時、25歳の若造が包丁一本を手に単身渡米するということは、なかなか大胆なチャレンジでした。もちろん、私の家族は大反対でした。しかし、43年経った今の私の姿を、誰が想像できたでしょうか。

確かに、今は海外旅行も気軽なものとなり、働き方の選択肢も増えました。それでも、人生を賭《か》けての渡航となると、慎重になる方がほとんどでしょう。

しかし、昔も今も、勇気を出し、チャレンジする者を運命は拒んだりしないものです。私はそれを自分の人生で確かめてきました。

アメリカンドリームに飛び出したかどうかが2人の違い

ここで、私が日本で修行時代に出会った2人の人物についてお話ししましょう。

私は高校を卒業してすぐ、尼崎の老舗の寿司屋で寿司の修行を始めました。今で言うところのテイクアウトのスタイルで、一日に300～400食の寿司を握る猛烈に忙しい職場でした。私はそこでみっちりと寿司の基礎を学ばせてもらいました。その後、西宮の「吉万《よしまん》寿司」で1年半ほどお世話になり、この店で私は2人の人物と出会いました。

ひとりは高橋さん。主任としてこの店を切り盛りしていました。当時彼は31歳で、私よりひと回り以上、年上でした。握りの手の動きがきれいな職人さんで、今でもその手捌きが目に浮かぶようです。当時、私の給与は月9万円あまりでした。高橋さんは20万円くらいだったでしょうか。
もうひとりは、1年後輩で入った小俣さん。年は私より5歳ほど上で、寿司の経験は少なく、仕込みを覚えながら、配達仕事からのスタートでした。もちろん、給与は私より少なかったことは言うまでもありません。私は小俣さんと入れ替わるように退職してしまって短い付き合いでしたから、その時は彼との強い縁を感じることはありませんでした。

それから数年後、私は夢だった渡米を決行し、サンタモニカで寿司シェフとして働き始めました。当時まだ25歳でしたが、仕事ぶりが買われて現場を任されていました。ある日の朝、ロサンゼルスの魚市場に仕入れに出かけた時でした。競《せ》りの人だかりの中に見覚えのある顔を見つけました。そこにいたのは、なんと修行時代に半年ほど同じ釜の飯を食った小俣さんでした。日本から太平洋を挟み、人口2億人を越す広いアメリカで、私たちは思いがけず再会したのでした。その時の彼は、西宮での頼りなかった印象とは打って変わって、自信に満ちあふれていました。彼はマイアミで寿司職人として働いていて、

「近い将来フロリダに自分の拠点を持つつもりだ」

と、意気揚々と市場を後にして行きました。

そして、それから20年が経った2002年の春のこと、知人の紹介で数人のシェフと会うためマイアミに行く機会がありました。その時に立ち寄った日本料理店に、なんと小俣さんの写真が飾ってあったのです。

「なぜ彼の写真が?」

そうスタッフに聞くと、

「彼はここのオーナーです」

と言われて驚きました。20年という時の重みをひしひしと感じました。

そして、これがアメリカンドリームなのかと実感したものです。私は自分の寿司学校、スシ・シェフ・インスティチュートの立ち上げ準備をしていた

頃だったので、成功をつかんだ小俣さんを羨ましく、また尊敬もしました。

それからさらに十数年後の２０１８年の秋。知人から「偶然高橋さんが働いている寿司屋を見つけた」と聞き、出張で日本に帰った折に、さっそく伺いました。やはり西宮近郊にあるお寿司屋さんで、高橋さんは寿司職人として働いておられました。長年自分のお店を経営されていたそうで、引退してからはお孫さんの世話をしたりの余生だったそうですが、寿司職人募集に応じて店を手伝っているということでした。高橋さんはすでに75歳。43年ぶりの再会でした。彼の握りの手は以前と変わらず華麗できれいでした。私の憧れの握りのステップです。しかし、その高橋さんの給与が当時と変わらないと聞いて驚きました。寿司職人として積み重ねてきた経験、技能、それらがまったく待遇に反映されていない現実に憤りを覚え、そして43年の時の流れの残酷さを思いました。

西宮の寿司屋で同じカウンターに並んで働いていた3人は、43年後、三者三様の人生模様となっていました。私の後輩として入ってきて高橋さんに顎《あご》で使われていた小俣さんは、今はマイアミでも有名な日本料理店の経営者で、ビジネスとゴルフ三昧の日々。私はロサンゼルスで寿司シェフ養成学校の経営をしています。

「アメリカに行ったら、皆成功するんだね」

カウンター越しに言葉を交わしていた高橋さんが、感心したように呟《つぶや》いたのが印象的でした。

将来に可能性を求めてアメリカに渡った私と小俣さん。2人はチャレンジのご褒美として成功を手にしました。一方、日本で現状に納得して生きてきた高橋さん。どちらも人生であり、どちらが正しいというわけではありません。

ただ、アメリカでの成功へのチャンスは日本と比較にならないことは知っておいてほしいのです。そしてこの本をお読みいただければ、アメリカだけでなく、世界で寿司シェフとしての成功のチャンスがあることが理解できると思います。寿司ブームは、今やアメリカにとどまりません。日本を出てみれば、そこには大きな可能性の海が広がっているのです。

もしあなたが、今の仕事に行き詰まり転職を考えているなら、あるいは職を失って新たなステージを模索しているのなら、私の学校、スシ・シェフ・インスティチュートで学んでみてはいかがでしょう。大きな可能性が開けるはずです。

あなたの人生です。一歩一歩ステップアップするのも自分ですし、とどまるままなのも自分です。それを選択するのはあなたです。自分の人生を築き上げるのも沈ませるのも、ほかならぬあなた自身なのです。

この本は、そんなあなたのために私の「寿司人生」の軌跡を記したものです。この一冊が将来に目標を持てない多くの若者や、新しい道を模索している方々の希望、転機、勇気や志、人生の指針を見つけるための、ちょっとしたアドバイスになればと期待しています。

目次

はじめに
世界で成功を目指すなら、ロサンゼルスで寿司を学ぼう！ 2
なぜロサンゼルス？ 4
海外で新たなチャンスをつかむ！ 5
夢は行動に移すことで初めて形になるもの 7
アメリカンドリームに飛び出したかどうかが2人の違い 8
第1章
世界で輝く日本の寿司

寿司の魅力とは？　26

寿司シェフは最高の「やりがい」を感じられる仕事　26
寿司は自然の恵み、日本の食文化の象徴　29

今、世界は寿司ビジネスのチャンス！　31

世界で不足している寿司シェフ　31
アメリカの寿司シェフの8割は日本人ではないという現実　32
アメリカと世界で成長する寿司市場　35
なぜこんなに日本人以外の寿司シェフが多いのか？　38

世界中が魅せられている寿司の状況　41

高級寿司から始まった「第一の寿司ブーム」　41
〝寿司らしきもの〟による「第二の寿司ブーム」　46
寿司の危機　47

巻物ができれば寿司シェフという勘違いと世界的な影響 49
「デジタル寿司シェフ」の急増と寿司の質の低下 50

世界中の人がいよいよ「本物志向」に！ 53
寿司職人の二極化と「OMAKASE《オマカセ》」のトレンド 53
世界で生まれているクリエイティブな寿司 56
文化による味覚の違いについて 60
一口目の美味しさで人気が決まる 63
「おもてなし」の心を感じるサービス 66

第2章 私の寿司人生と寿司シェフ育成の道

料理の道とアメリカへの憧れ　70

父の影響で料理が得意に　70
突然見舞われた地獄の日々　73
ロサンゼルスで垣間見たアメリカンドリーム　75

包丁一本を胸に、いざロサンゼルスへ！　79

ロサンゼルスで新しい道を切り開く　79
永住権を持って働くベネフィット　83
ビジネス拡大のストレスの結果……　86
「講師」という天職との出会い　87

ロサンゼルスに自分の寿司学校「スシ・シェフ・インスティチュート」を開校　91

寿司シェフ育成の使命感　91
トーランス市に学校を移転、独立した校舎へ　95
SNSで映える寿司デモンストレーション　98
2000万アクセスを生んだマグロ解体ショーとメガ・ロール　101
スカラシップ・サポート・プロジェクト（奨学生制度）の誕生　105

第3章 スシ・シェフ・インスティチュートが提供する学び

短期集中で寿司の基礎をみっちり学ぶ！　110
2か月という短期集中の寿司学校　110

働きながら寿司を学ぶことは可能なのか？　学校と現場は違う　111
寿司シェフに必要な5つの基本技術　115
リアルな学校だからこそ「感覚」を学べる　116
寿司の基本❶　寿司飯作り　119
寿司の基本❷　包丁の知識と管理　124
寿司の基本❸　魚の知識と捌き方　129
寿司の基本❹　握りの実践　133
寿司の基本❺　巻きの実践　137
和食の基本　出汁　138
料理以外のこと①　チームワークとコミュニケーション　142
料理以外のこと②　お店の開店について　144
料理以外のこと③　生徒たちのメンタルケア　144
世界には基本を身に付けた「リーダー寿司シェフ」が必要　148
「修行」から「習得」の時代へ　150
アメリカでは、その人自身を見る　153
文化のギャップが生む創造性　155

第4章 夢への「投資」という考え方

超有名レストランNOBUの主任寿司シェフになった新沼君 160
永住権取得までの道のり 164
驚きの速さで永住権を取得し次のステップへ 168
夢を叶えるための「投資」という考え方 172

第5章 世界で活躍する卒業生たち

SUSHI FOR EVERYONE 176

卒業生紹介❶ ユタ州でオマカセ寿司のケータリングで成功したハリー 177

卒業生紹介❷ 地元スペインの人気店を夫婦で経営するファビオラ 181

卒業生紹介❸ 日本人の血筋を持つファビオから私が学んだこと 184

卒業生紹介❹ サーバーからオーナーになったペドロ 187

卒業生紹介❺ 2019「ベスト・シェフ・アメリカ」に選ばれたエンギン 190

卒業生紹介❻ 「ベストキッチン従業員」として認められたミン 194

第6章 日本の食文化を伝える天命

卒業生紹介⑦ 逆境から寿司のテイクアウトショップを開いたミッシェル 196
卒業生紹介⑧ アメリカ各地で人気寿司バーを経営するデビッド 198
卒業生紹介⑨ レストラン開店2年目でミシュラン三つ星を獲得したカイル 206
必要なものは「勇気」「夢を諦めない心」「挑戦する精神」 215

日本の食文化の普及に貢献したい 220
日本の食文化を広めるための種蒔き 220
世界を巡り実感する日本食人気 224
高級クルーズ船の名誉あるポジションに 226
2000人の卒業生に、より深い学びを提供したい 230
日本の地域の助けになりたい 235
「日本食の普及親善大使」を拝命 236
あとがき 241

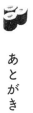

第1章

世界で輝く日本の寿司

寿司の魅力とは？

寿司シェフは最高の「やりがい」を感じられる仕事

「寿司」の魅力とは？ と問われたら、皆さんはどう答えますか？ 日本人にとって、寿司はとても身近な存在です。その身近さゆえに、ひと言で表現するのは難しいかもしれません。また、その「計り知れない可能性」にも気づけていないかもしれません。

私は寿司と関わって半世紀ほどになりますが、今でも日々、新たな寿司の素晴らしさに魅せられています。ひと言でその魅力を表現するとすれば、一貫の寿司に込められた「豊かなストーリー」でしょうか。

見た目に美しく、品が良く、工夫が凝らされている寿司。その一つひとつに、佇《たたず》まいに隠された豊かな物語があります。それらが食欲をそそり、口に入れた瞬間に食感、味、温度、歯ごたえ、喉ごし、後味、そして残り香に、言葉では言い表せないふくよかさを生み出します。

この寿司に込められたストーリーとは、一つひとつの食材がどのようにして取られ、流通し、保存され、寿司シェフがどのように調理したかという、すべての流れと私は考えます。特に寿司は、寿司シェフがお客様の目の前で、一つひとつの工程を見てもらいながら仕上げていく料理です。食材と、受け継がれてきた調理の知恵、そして自分の持てる技と細やかな気配りを融合させた料理である寿司。お腹いっぱいの食事より、１つの寿司にお客様は感動されるのです。

「うん、これだ」
「ああ、この店に来てよかった」
「この寿司シェフに巡《めぐ》り会えてよかった」

目の前でお客様がほほ笑み、喜んでくだされば、もう、言葉にできない、寿司シェフとしての幸福を感じます。言葉は必要ないのです。食べ手と作り手だけが理解

寿司は自然の恵みと職人技が
融合した、日本食文化の象徴。

できる、その時一瞬のドラマです。何十年と仕事をしていても、この瞬間は本当に私たちへのご褒美で、寿司シェフでよかったと思う瞬間です。寿司シェフとは、こういったお客様の喜びを正面から受け止められる、素晴らしい仕事なんです。

寿司は単なる料理ではありません。それは自然の恵みと職人の技の結晶であり、食べる人と作る人との間に生まれる「物語」なのです。ありとあらゆる魚や素材に合わせて切り分ける形や大きさを変えたり、塩やお酢で締める加減を自分の判断でいつも変えて、仕込んでいくのです。そして食べるお客様に合わせて寿司を握る。その一つひとつが、見た目の美しさや楽しさや食べやすさ、そして、より美味しくその寿司を味わっていただくことを考えた工夫と技です。寿司飯、ワサビ、薬味、醤油、ポン酢、塩など一つひとつの握りに合わせます。すべて、自分の経験から身に付けた「感覚」です。他人に任せられない。だからこそ楽しいのです。

寿司は自然の恵み、日本の食文化の象徴

寿司は主に米と魚で構成されています。特に魚は寿司にとって重要な食材で、自然からの贈り物であり、寿司にとって欠かせない存在です。牛や豚、鶏といった肉のほとんどは人の手によって飼育されたものですが、魚は多くが天然の物。自然からの恵をいただいているのです。地球表面は約70％が海に覆われ、そこには数えきれないほどの魚が存在します。そして、世界中の人々が魚を食物として利用してきました。特に日本は海に囲まれた島国という背景を持つからこそ、海と共に生活し、長い歴史の中で魚に関する知識と調理の工夫を培ってきました。寿司はその一端であり、長い歴史を持つ日本の食文化の象徴とも言えます。

寿司の起源は、魚を塩と米飯と合わせて発酵させた「なれ鮓《ずし》」にさかのぼります。時代を経て、江戸時代には江戸前鮨が生まれ、〝魚は旨い〟と書く「鮨」の時代になり、やがて縁起担ぎで〝寿を司どる〟と書く「寿司」となり、そして今では世界中で愛され、「ＳＵ《ス》ＳＨＩ《シ》」という言葉で通じる料理として成長し、広

がりました。訪日外国人が最もおいしかった日本料理、また食べたい日本料理の第1位も「寿司」です。寿司はまさに日本を代表する食と言えるでしょう。

最もおいしかった日本料理

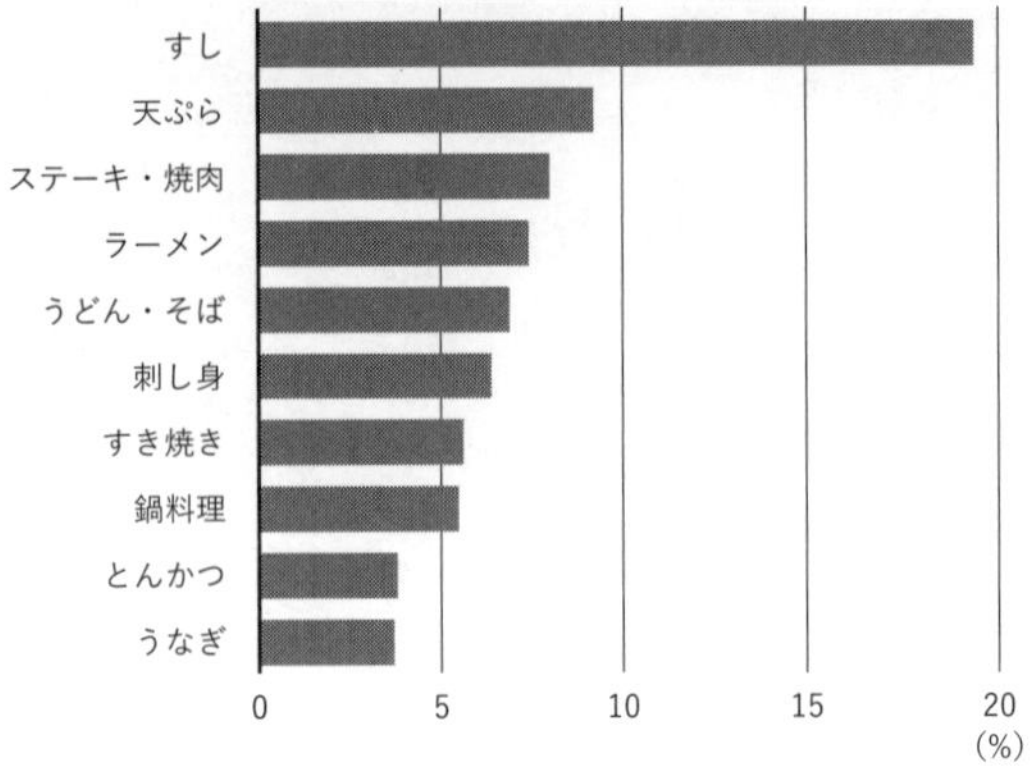

滞在時に食べた日本料理

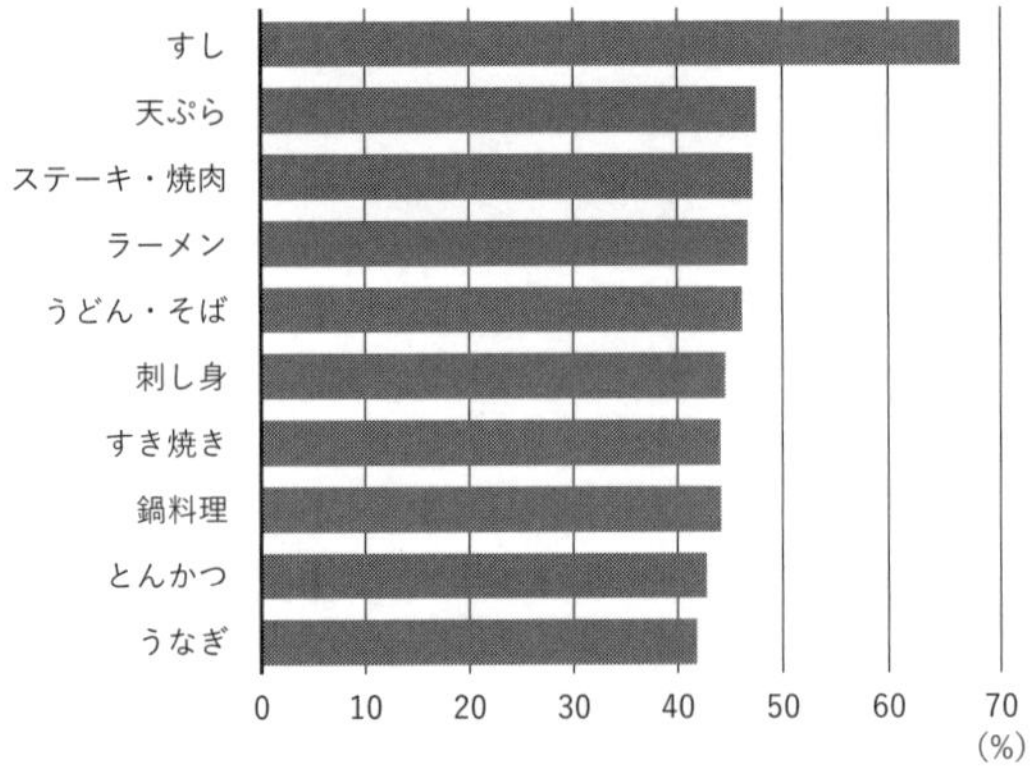

農林中央金庫がこの10年間に日本を訪問したことがあるアメリカ、イギリス、フランス、中国、韓国の計1200人を対象に実施した調査によると、最もおいしかった日本料理として「寿司」が挙げられた。また、滞在中に食べた日本料理でも「寿司」が68.3%と群を抜いて多く、「再び日本を訪れたら何が食べたいか？」という質問でも、「寿司」が58.7%でトップだった。この結果からも、世界での「寿司」の人気の高さがうかがえる。
出典：農林中央金庫「訪日外国人からみた日本の“食”に関する調査」
https://www.nochubank.or.jp/efforts/pdf/research_2023_01.pdf

今、世界は寿司ビジネスのチャンス！

世界で不足している寿司シェフ

「ＳＵＳＨＩ」という言葉は今や世界共通語となりました。それほど寿司に世界中は魅了され、どんどん新しいお店がオープンしています。

しかし、それに伴って、寿司シェフが圧倒的に不足しているという現実があることをご存じでしょうか？

私の住むアメリカでも、新しい寿司バー開店の話が次々持ち上がっています。なぜそれが分かるかというと、私のところに全米各地から、寿司バーを開くための質問やアドバイスの依頼が殺到しているからです。そして毎日のように「腕の良い寿司シェフを紹介してほしい」というリクエストが私のもとに寄せられているのです。

そして、これはアメリカだけの話ではありません。世界各国からも同様の問い合わせが増えており、私の学校の卒業生たちや関係者のネットワークを通じて、寿司や業界に関するあらゆる質問が飛び込んできます。魚の仕入れから経営のノウハウまで、さまざまな情報を求めるオーナーたちが、皆、専門的な知識と確かな技術を持つ寿司シェフを探しているのです。寿司の人気はとどまるところを知らず、寿司シェフ不足の問題も広がる一方です。

アメリカの寿司シェフの8割は日本人ではないという現実

日本の農林水産省が2023年に発表した調査[※1]によると、世界には約18万7000軒の日本食レストランが営業していると報告されています。これは2021年の約15万9000軒からおよそ2割ほど増加した数字です。そして驚くべきことに、これらのレストランの大多数が日本人以外の経営者やシェフによって運営されていると言われています。

※1　海外における日本食レストランの概数（農林水産省 輸出・国際局）より
https://www.maff.go.jp/j/press/yusyutu_kokusai/kikaku/attach/pdf/231013_12-3.pdf

少し前のデータですが、総務省の調査[※2]によれば、日本国内の寿司屋は2万4000軒ほどです。新型コロナウイルスの影響で一時的に減少したものの、2023年には回復傾向にあるとされています。

一方、JETROが2023年に発表した調査[※3]によると、アメリカにもほぼ同じ数、約2万3000軒の日本食レストランが存在しています。多くの日本食レストランで寿司を提供するアメリカにおいて、寿司レストランに絞ることはできないため、少々乱暴な比較ではありますが、小さな日本の寿司屋の数と、この大きなアメリカの日本食レストランの数は同じなのです。

そして興味深いのは、アメリカでもまた、日本食レストランの経営者やシェフの8割以上が日本人ではないという点です。私の住むカリフォルニア州は、アメリカの中でも最も日本食レストランが多い地域で、その数は4995軒にも上ります。ニューヨーク州には1936軒、フロリダ州には1501軒、テキサス州でも1197軒。2018年から2022年までの間に全米で24%も日本食レストランの数は増えていますが、ロサンゼルスで業界にいる私が目にするか

※2　平成26年経済センサス-基礎調査　調査の結果より
https://www.stat.go.jp/data/e-census/2014/pdf/kaku_yoyaku.pdf
※3　JETRO 2023年発表「2022 年度 米国における日本食レストラン動向調査」米国輸出支援プラットフォーム
https://www.jetro.go.jp/ext_images/_Reports/02/2023/60677c66b878273d/pf_lag_2303.pdf

アメリカの州別日本食レストラン軒数

22年順位	州	軒数2010年	軒数2018年	軒数2022年	増加率（18～22年）	18年順位	人口2021年7月時点
1	カリフォルニア	3,963	4,468	4,995	111.81	1	39,237,836
2	ニューヨーク	1,439	1,892	1,936	102.3	2	19,835,913
3	フロリダ	941	1,266	1,501	118.6	3	21,781,128
4	テキサス	494	802	1,197	149.3	5	29,527,941
5	ワシントン	827	898	1,016	113.1	4	7,738,692
6	ニュージャージー	523	736	893	121.3	6	9,267,130
7	ペンシルバニア	287	485	729	150.3	10	12,964,056
8	ノースカロライナ	422	584	717	122.8	8	10,551,162
9	ジョージア	431	594	667	112.3	7	10,799,566
10	イリノイ	377	573	644	112.4	9	12,671,469
11	マサチューセッツ	276	428	627	146.5	13	6,984,723
12	バージニア	308	451	544	120.6	12	8,642,274
13	ハワイ	438	467	515	110.3	11	1,441,553
14	アリゾナ	311	404	491	121.5	14	7,276,316
15	オレゴン	287	316	442	139.9	17	4,246,155
16	コロラド	257	336	409	121.7	15	5,812,069
17	メリーランド	201	314	402	128.0	18	6,165,129
18	テネシー	203	330	398	120.6	18	6,975,218
19	ミシガン	151	209	378	180.9	23	10,050,811
20	オハイオ	169	312	357	114.4	19	11,780,017
21	ネバダ	228	278	354	127.3	21	3,143,991
22	サウスカロライナ	184	295	334	113.2	20	5,190,705
23	コネチカット	184	237	286	120.7	22	3,605,597
24	ウィスコンシン	61	114	255	223.7	30	5,895,908
25	ルイジアナ	96	171	252	147.4	24	4,624,047
26	インディアナ	92	146	246	168.5	26	6,805,985
27	アラバマ	66	117	216	184.6	29	5,039,877
28	ミズーリ	107	153	207	135.3	25	6,168,187
29	ユタ	92	119	206	173.1	28	3,337,975
30	ミネソタ	60	132	185	140.2	27	5,707,390
31	ケンタッキー	60	94	166	176.6	32	4,509,394
32	ミシシッピ	34	68	155	227.9	35	2,949,965
33	オクラホマ	46	69	147	213.0	34	3,986,639
34	アーカンソー	38	56	123	219.6	37	3,025,891
35	ニューメキシコ	83	98	108	110.2	31	2,115,877
36	カンザス	51	74	97	131.1	33	2,934,582
37	アイダホ	31	43	94	218.6	42	1,900,923
38	アイオワ	29	51	90	176.5	40	3,193,079
39	ロードアイランド	31	52	88	169.2	38	1,095,610
40	ニューハンプシャー	36	51	80	156.9	39	1,388,992
41	アラスカ	37	45	79	175.6	41	732,673
42	ワシントンDC	47	66	67	101.5	36	670,050
43	デラウェア	26	36	65	180.6	43	1,003,384
44	ネブラスカ	24	36	60	166.7	44	1,963,692
45	メイン	24	35	55	157.1	45	1,372,247
46	モンタナ	18	22	43	195.5	47	1,104,271
47	ウェストバージニア	17	33	39	118.2	46	1,782,959
48	バーモント	10	16	31	193.8	48	645,570
49	ノースダコタ	5	15	29	193.3	49	774,948
50	サウスダコタ	3	6	25	416.7	51	895,376
51	ワイオミング	4	7	24	342.9	50	578,803
合計		14,129	18,600	23,064	124.0		331,893,745

出典： JETRO 2023年発表「2022 年度 米国における日本食レストラン動向調査」米国輸出支援プラットフォーム

ぎりでも、やはりオーナーは日本人でないことが多いのです。

アメリカと世界で成長する寿司市場

アメリカは世界最大の寿司市場と言われています。人口差があるとしても、日本が本場であるにもかかわらず、それを上回る市場規模であることに、驚かれる方も多いでしょう。ある調査会社のレポート※1によると、2023年のアメリカの寿司レストラン市場は約53億ドル、つまり約8000億円※2ほどと推定されています。これはレストランに限ったデータで、スーパーなどのテイクアウト寿司は含まれていません。先ほどのJETROの調査からも分かるように、アメリカ全体で日本食レストランの数が堅調に増え続けているにもかかわらず、多くの店が好調なのは、アメリカでの健康志向の著しい高まりによる日本食人気が根本にあります。オンライン注文やウーバーなどのデリバリーサービスの普及もその成長を支えていますが、特にアメリカの高所得層を中心に寿司や日本食がしっかりと支持されており、今後もこの人気が続くことが予測されています。寿司の人

※1　Global Industry Analysts, Inc.　Sushi Restaurants Market Reserch Report
https://www.gii.co.jp/report/go1509336-sushi-restaurants.html
※2　1ドル=151円で計算

気はさらに加速しているのです。

さらに世界に目を向けても、寿司市場は拡大を続けています。同じ市場調査で、世界の寿司レストラン市場は２０２３年に１９５億ドル（約2兆９５００億円）と推定されていて、２０３０年までに２２５億ドル（約3兆４０００億円）に成長すると見込まれています。これは年平均で約２・０％の成長を意味しており、特に北米やヨーロッパ、アジア太平洋地域での寿司人気が影響していると考えられています。

アメリカは寿司の市場が世界的にもトップで、アメリカの地方においても日本食レストランの増加が半端ではありませんが、今後、他の国々でも同様の流れがあると予測され、世界的に見ても寿司レストランの需要が増加すると見込まれています。

見た目も美しく、美味しく、そしてヘルシーな料理を提供する日本食レストランや寿司レストランは今でさえ、どこも人気で寿司シェフの供給が追いついていないのが現状です。そしてこれからさらに需要が増してゆくというのです。

私はロサンゼルスで日々生徒たちに寿司を教える中で、世界中が寿司を求めていることを肌で深く感じてきました。寿司シェフとして長年の経験から確信を持ってはいましたが、こうして具体的な数字を見ると、あらためてそれが確かなものだと感じます。寿司の人気が世界でこれほどまでに広がっていることに感慨を覚えずにはいられません。

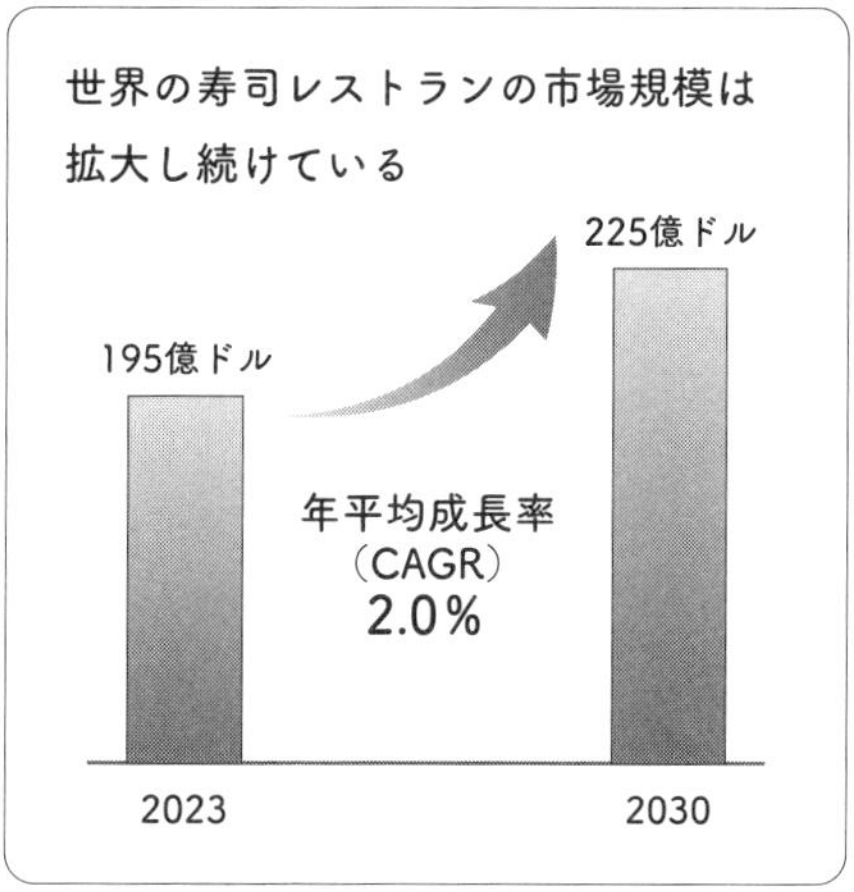

出典　Global Industry Analysts, Inc.
Sushi Restaurants Market Reserch Report

現在、世界には約18万7000軒の日本食レストランがあり、そのうちアメリカだけでも2万3000軒以上も営業し、さらに大きなポテンシャルがあることに驚かれた方も多いとは思いますが、さらに注目すべきは、その大多数のレストランが日本人以外の方々によって運営されているという事実です。

つまり、今や日本食ビジネスは、日本以外の国の人々によって支えられ、発展しているのです。この現実には、日本にいる方々も驚かれるのではないでしょうか。

なぜこんなに日本人以外の寿司シェフが多いのか？

なぜ日本人以外の寿司シェフがこんなにも増えているのでしょうか？　日本食、日本文化への興味がその背景にあることももちろん考えられます。しかし、もっとシンプルな理由があります。

ズバリ、寿司シェフという仕事が、海外では非常に儲《もう》かる職業だからです。その高い収益性は見逃せない大きな要因だと思います。世界中で敏感な経営者やビジネスマンたちが寿司の人気に注目し、次々とレストランを開いています。その結果、多くの現地の人々が寿司シェフとしてビジネスに参入しているのです。

では実際どれくらいの収益があるのか、アメリカでの寿司シェフの待遇について具体的に見ていきましょう。

現在、アメリカの寿司シェフの時給はおおよそ25ドル前後です。この時点で、すでに日本とは大きな違いがありますが、仮に週に50時間働いたとして計算してみましょう。アメリカの労働法では、週40時間を超えた分には通常の1・5倍の割増賃金が義務付けられていて適用されます。

例えば、通常勤務40時間×時給25ドルで1000ドル、その上で残業10時間分の賃金は時給150％で375ドルが加算されます。合計で1375ドル、これを現在の為替レート※1で計算すると、週に約21万円あまり。週休2日で4週間働いたとして、月の収入は約84万円になります。日本で今、これほどの収入を得ている寿司シェフはどれほどいるでしょうか？

そして、お忘れなく、さらにこの給与に加えてチップがあります。チップはお客様から直接受け取る形式もあれば、毎日仕事のあとにスタッフ皆で公平に配布される場合もあります。※2月に1000ドル以上のチップがあることも珍しくありません。合計すると約100万円の収入があることになります。日米の寿司シェフの待遇と格段に差があることがよく理解いただけると思います。

このチップとは、ただの報酬ではなく、お客様にどれだけ喜んでいただけたかが形になったものです。それはシェフへのご褒美であり、やりがいにもなります。

寿司シェフは、寿司を握るだけでなく、お客様に直接寿司を提供するサーバー

※1　1ドル＝151円で計算。
※2　業種や州の規制、店ごとのポリシーにより異なる。

でもあります。直接チップを受け取る形式の場合、お客様は目の前で提供してくれる寿司シェフにチップを渡すため、人気のある寿司シェフはさらに多くのチップを稼ぎます。

この数字は、私の学校の卒業生たちが1年目で得られる平均的な給与の例です。成功を収めた寿司シェフたちは、もちろんこれ以上の収入を得ていることでしょう。

もちろん、日米での生活コストの違いもありますが、それを踏まえても、アメリカでの寿司シェフの収入がいかに魅力的かはお分かりいただけると思います。

世界中が魅せられている寿司の状況

高級寿司から始まった「第一の寿司ブーム」

さて、料理としてもビジネスとしても、世界中で多くの人々を魅了している寿司ですが、アメリカに寿司が定着し始めたのはいつ頃からだったのでしょうか。ここで少し、アメリカでの寿司の歴史や背景について振り返ってみましょう。

アメリカにおける最初の寿司ブームが訪れたのは、ロサンゼルスでオリンピックが開催された１９８４年頃のことです。これが「第一の寿司ブーム」と呼ばれる時期です。当時、日本はバブル景気に突入する直前で、国内経済が活気に満ちていました。日本の大手銀行や企業が次々とアメリカ市場に進出し、そして駐在日本人ビジネスマンに向けて、また、新たなビジネスの交流の場として高級寿司バーが一気に人気を集めました。

私は1981年からアメリカに移住していたので、その時のダイナミックな状況をリアルタイムに目撃していました。どこの寿司バーも連日満席で、活気と熱気に満ちあふれていました。注文が途切れることなく続く忙しさとお客様たちの期待に満ちた表情は、今でも鮮明な記憶として残っています。寿司が単なる料理ではなく、日本の文化のシンボルとしてアメリカの方々に受け入れられていく様子を、私は寿司カウンター越しにひしひしと感じていました。

この寿司ブームが起こる以前にも、いくつかの日本の食文化がアメリカで脚光を浴びることがありました。特によく知られているのは、1960年代からニューヨークを拠点に拡大した鉄板焼きレストラン「紅花《べにはな》」さんでしょう。レスリング選手としても有名なロッキー青木さんが手掛けたお店です。ステーキの本場に挑み、一時代を築き上げたのですから大したものです。2024年現在では、89店舗も展開する大レストランチェーンに成長しました。紅花さんは、ただお肉を提供するだけではなく、目の前で焼き上げるというパフォーマンスで楽しんでもらうエンターテインメント性が、多くの人々を惹《ひ》きつけたのでしょう。ただ、鉄板焼きというのはいわゆる日本の「洋食」。日本文化を感じさせつつも、アメリカ人には身近で食べやすいステーキを日本風にアレンジしたもので、和食とは異なります。

話はそれますが、最近、日本でブレイクしたステーキ店がアメリカに進出してニューヨークに何店舗か出しましたが、肉のボリュームで勝負しようとして、思い通りに行かなかったようです。日本では流行ったスタイルでしたが、そのままアメリカに持ち込むだけでは成功は難しいということもあります。それだけでなく、アメリカでの牛肉の仕入れに関して、組合や裏事情を理解していないと、思うように商売が進まない場合も多々あります。これはもちろん寿司業界にも言えること。どれだけ寿司の技術があっても、現地の事情を把握していなければいいネタ1つ仕入れられないということにもなりかねません。アメリカで成功を目指すならば、やはり現地で学ぶことに大きなアドバンテージがあることは言うまでもありません。アメリカの環境に馴染みながら人的なネットワークを築くことができますし、現地の事情も自ずと学べるからです。

さて、話を寿司ブームに戻しますが、アメリカで生まれた革新的な巻き寿司、「カリフォルニアロール」も忘れてはなりません。カリフォルニアロールは、1963年にロサンゼルスのダウンタウンにある日本人街、リトル・トーキョーの東京会館にあった寿司バーで生まれたと言われています。この巻き寿司は、カリフォルニアで手に入りやすい安価な食材である、キュウリ、カニカマ、そしてアボカドを使った巻き寿司です。さらに、寿司飯が外側で海苔《のり》が内側に巻かれた「裏巻き」と呼ばれる技法で巻かれていて、まわりに胡麻《ごま》がふってあったり、見た目にも美しい寿司です。当時、真っ黒な見た目の海苔はアメリカ人にあまり評判がよくありませんでした。海苔を剥がして食べる人もいたほどだそうです。そこで、海苔や生魚に慣れていないアメリカ人でも気軽に楽しめるよう、工夫され生まれたのがこのカリフォルニアロールでした。

カリフォルニアロールは、見た目の美しさ、手頃な価格、そしてボリューム感が相まって、アメリカ人の嗜好にぴったり合い、瞬く間に人気メニューとなりました。カジュアルな寿司として気軽に楽しめ、テイクアウトにも向いており、パーティーでも握り寿司と一緒に並べればテーブルが一気に華やかになります。こうしてカリフォルニアロールは広く浸透し、1980年代にはアメリカ全土で作られるようになり、やがて日本にも逆輸入されました。

ここでさらにその前の背景もご説明しましょう。ここロサンゼルスは、アメリカの中でも多くの日本人が住んでいる地域です。その歴史は明治時代にまでさかのぼります。当時、多くの日本人が新天地を求め、アメリカ本土（特にカリフォルニア）やハワイへ移住しました。アメリカ本土には約18万人、ハワイには約20万人が集団で移民し、彼らがいわゆる「一世」と呼ばれる世代です。その後、彼らの子孫である二世を中心に日系社会が形成され、ロサンゼルスのリトル・トーキョーもその一部として発展してきました。ふるさとを離れアメリカに渡った方の日常食としてあった日本食が、スキヤキの歌がヒットするなど、日本文化への親しみが広まる中、健康志向の高まりも手伝って関心が強まっていきました。そんな中から、日米文化の融合として、カリフォルニアロールのような革新的な寿司が誕生したことをきっかけに、寿司、そして生魚を食べる文化も少しずつ浸透していったのではと考えています。

〝寿司らしきもの〟による「第二の寿司ブーム」

さて、ロサンゼルス・オリンピックが終わり、日本のバブル景気も衰退し始めると、それまで日本人が経営していた高級な寿司バーや日本食レストランは次々と閉店し、こうして第一の寿司ブームは下火となりました。

その時、閉店していく店を中国系や韓国系の移民が買い取り、事業を引き継ぎました。彼らはアメリカでの永住を目指し、就労ビザが必要でした。店を購入してオーナーになることが永住権を得る1つの方法となっていたのです。当時でも20万ドルと安い買い物ではありませんが、寿司バーは比較的小規模な設備で開業でき、家族を養う収入も得ることができるため、アジアからの移住希望者には、ある意味人気の投資先になったのです。こうしてアジア系のオーナーが経営する寿司バーが増え、また彼らはテイクアウトも行ったので、安価な巻き寿司が広く大衆に浸透していきました。これが1990年代半ばに始まった、アメリカでの「第二の寿司ブーム」と言えるでしょう。

しかし、これらアジア系のオーナーの寿司バーで提供されていた寿司は、日本人寿司シェフが作っていた寿司とは異なるものでした。多くは見よう見まねで作られた巻き寿司が中心。基本がないため、日本食からかけ離れた味になっているレストランも多くありました。日本食の知識も経験もないオーナーが、適当なシェフを雇って経営している場合もあり、ジャスミンライスに砂糖も塩も入れない市販の酢を適当にいれただけのシャリに、鮮魚は高コストなため冷凍パックの魚を使ったものなど、クオリティが低いものが多かったのです。日本人には全く通用しない寿司でした。形が寿司であれば良しとされ、味も盛り付けも、お世辞にも「国際色豊かな味」と褒めることも難しい酷いものも多くあり、ロサンゼルスで寿司シェフとして生きていた私にとって、寿司が「この程度のものか」と思われるのはとても残念なことでした。

寿司の危機

またそこで心配になるのが、寿司の知識も経験もない寿司シェフたちが、適切な鮮度管理や衛生管理ができないままに寿司を提供し、食中毒などのリスクが高まることでした。当時、実際に、私が仕込みをしている時にラジオからこんな衝撃的なニュースが流れてきました。

——カントリーミュージックの人気歌手、ドリー・パートンが、コンサートをキャンセル。寿司を食べて体調を崩したことが原因です。

このニュースを聞いて、私は非常にショックを受けました。誰が作ったどんな寿司だったかという問題以前に、「寿司を食べたせいで」というフレーズが大きく放送され、寿司そのものへの信頼が損なわれたのです。

寿司は一見シンプルな食べ物ですが、その奥が深いことは、日本人であれば誰もが知っていることです。寿司飯の温度や味、魚の捌き方など、細やかな知識と技術が必要なのです。そういった基本を知らずに作られた「寿司らしきもの」が広まったことで、寿司へのリスペクトが失われ、安全性までもが危ぶまれる状況となってしまったのです。なんとも悲しいことでした。こんなことが続いてしまったら、日本食の未来にも待ったをかけることになります。

この事態を前にして、私は強く思いました。なんとしても寿司は美味しく、安心で、健康的な料理だということを、今まで以上にもっと伝えていかなければならないと。そしてそのために私に何ができるか。それにはやはり、教育しかないのではないか。正しい寿司の知識と技術をしっかり伝え、1人でも多くの優れた寿司シェフをここアメリカで育てることが私の使命ではないか——。そんな強い思いが胸に湧き上がりました。

巻物ができれば寿司シェフという勘違いと世界的な影響

1990年代の第二の寿司ブームの中、アメリカでは日本人から引き継がれた店以外にも、新たな寿司バーが多くオープンしている状況でしたが、やはりアジア系オーナーの寿司バーばかりで、そこで働くシェフたちも、ほとんどがいわゆる「巻物シェフ」でした。形だけでも巻物が作れれば寿司シェフと認められ、それなりの収入が稼げたのです。そのため、それ以上のことを学ぶ必要はないと思い込んでいるシェフは少なくありませんでした。実際、誰もが簡単に巻物シェフになり、次から次へと巻き寿司をメインにした寿司バーが誕生していきました。

そしてこの巻物ブームは過当競争を引き起こし、巻物産業のさらなる拡張につながりました。巻き寿司は大手スーパーマーケットでも販売されるようになったのです。2日間の研修で巻き方を覚えた寿司シェフたちが全米のスーパーで寿司を作り、安価な寿司が一般化していき、この流れは世界中に広がっていきました。今や海外で食べられている寿司の80％が巻き寿司だとも言えるのではないでしょうか。

「デジタル寿司シェフ」の急増と寿司の質の低下

そして現代では、インターネットの動画を見て学んだ「デジタル寿司シェフ」が急増しています。もちろん、インターネットは非常に便利なツールであり、どこにいても簡単に知識を得ることができるという大きな利点があります。動画による学びが新たな挑戦への入り口として機能している点は、とても素晴らしいことだと思います。私も動画による学びを完全に否定するつもりはありません。しかし、ただ動画を見て覚えただけで寿司を作る寿司シェフが急増している現状を目の当たりにし、それに伴って世界の寿司の質が低下していることを感じずにはいられません。

私が今、世界の寿司に対して最も懸念しているのは、この「質」の問題なのです。

寿司バーやスーパーで寿司を握ったり巻いたりしている人を見ると、一見それらしく見えますが、基本をしっかり学んでいるかどうかはすぐに分かります。技術の違いは明らかであり、寿司の本来の美味しさや魅力を十分に理解していないことが多いのです。

特に寿司という繊細な料理には、動画では学びきれない「感覚」の部分があります。魚の鮮度や寿司飯の温度、握りや巻きの力加減、包丁の使い方、さらにはお客様の反応に応じた調整など、寿司には経験を通して「感覚」を身に付けることが重要なのです。

実際に、私の学校にも「ユーチューブで寿司を学んだが、本物を知りたい」という理由で入学してくる生徒が増えています。動画での学びだけでは限界があることを感じ、真に必要な技術や感覚を身に付けたいという強い意欲を持っている彼らの姿を見ると、心から嬉しく思います。彼らが大切なものに気づき、寿司の奥深さを追求しようとしている姿に、私自身も希望を感じます。

世界中の人がいよいよ「本物志向」に！

寿司職人の二極化と「O《オ》MA《マ》KA《カ》SE《セ》」のトレンド

現在、寿司シェフは大きく二極化していると言えるでしょう。大衆向けの巻き寿司を提供する寿司シェフと、プロフェッショナルな寿司シェフです。テイクアウトやスーパーマーケットの寿司ビジネスが拡大し、さらにデジタル寿司シェフの増加によって、旧来の寿司シェフが危機に立たされているのは日本も例外ではありません。

ところが最近、アメリカでは、後者であるプロフェッショナルな寿司職人の需要が急速に高まっています。なぜかというと、アメリカの大都市、特に寿司愛好家の間で「Ｏ《オ》ＭＡ《マ》ＫＡ《カ》ＳＥ《セ》」がトレンドになっているからです。そして、これはヨーロッパをはじめ世界でも同じ傾向が見られています。

ご存じのように日本の江戸前鮨で「おまかせ」とは、カウンターに座ったお客様が職人にコースを任せること。決まったメニューはなく、職人はお客様の佇まいを見て、または会話などからおすすめや口に合うものをコーディネートして、提供していきます。お刺身や一品料理、そして寿司も1つの流れとしてお出ししていくスタイルです。その日の仕入れによって変わることもありますし、お客様から、その日に食べたいものや好みをリクエストすることもあるでしょう。日本では一般的に小さい店舗の寿司屋が多く、常連さんは頻繁に来られることが多いので、寿司職人はそれぞれのお客様の好き嫌いを覚えています。日本の寿司屋でこのおまかせは、職人とお客様の信頼関係から生まれる非常にパーソナルなコースなのです。

さて、このおまかせが、「OMAKASE《オマカセ》」という日本語英語で紹介され、アメリカの中でも最先端を行くロサンゼルスやニューヨークといった大都市の寿司愛好家の間で、最近トレンドとなっています。英語にすると「シェフ・チョイス」と訳され、シェフが選んだ料理を提供するという意味になり、日本におけるおまかせとは少し違います。シェフが選んだ魚や料理を順次提供していく形式は、いわば高級な会席料理のコースに近いと言えるでしょうか。

とはいえ、今のこの「オマカセ」のトレンドが示唆しているのは、巻き寿司だけではない「本格的な寿司」への関心の高まりです。これは、高級寿司を中心とした「第三の寿司ブーム」と言えるのではないでしょうか。ロサンゼルスで長年寿司を握ってきた私にとって、この流れは非常に嬉しく、自然な成り行きだと思っています。世界に巻物だけが寿司ではないことが少しずつ理解され始め、寿司がその深い魅力を持つ料理として広く受け入れられている兆しだと感じます。今後、ますますこの流れが広がると信じています。

とはいえ、この高級な寿司コースを楽しむ方の中には、寿司がどんな料理か十分に理解しないまま食べている方もいるかもしれません。また、アメリカでは、日本以上に食物アレルギーやビーガン、グルテンフリーといった食事制限を持つ方が多くいます。そうした方々に、一方的に料理を提供するスタイルには、少し課題があるようにも感じます。

私の考えとしては、寿司シェフとのコミュニケーションを通じて、お客様と一緒に作り上げる「おまかせ」の真の楽しみ方を食べる側も理解し、常連客として寿司シェフと信頼関係を築きながら寿司を堪能する、そんな日本式の「おまかせ」の文化が世界中に広がっていけばと願っています。

世界で生まれているクリエイティブな寿司

最近、私のところには、日本からアメリカの寿司事情を視察に来られる方が増えています。前述のようにアメリカの寿司市場は世界一。日本の寿司職人にとっても見過ごせない存在だからです。

先日も、大阪で寿司店を2年ほど営む寿司職人のKさんが来られました。Kさんは日本ではトップクラスの自負がありましたが、ロサンゼルスやニューヨークで「オマカセ」の寿司を視察し、大きくショックを受けていました。アメリカの大都市の人気寿司バーでは、彼の想像を超えたクリエイティブな前菜や寿司が提供されていて、斬新な組み合わせや盛り付けに遅れを感じたそうです。

日本からの視察者がアメリカのオマカセや創作寿司に興味を持つのは、こうした新しいスタイルが、伝統的な日本料理の視点では生まれにくいもので、新たな視点やアプローチをもたらすからでしょう。実際、アメリカの寿司バーの「オマカセ」の表現の自由さや、ダイナミックさは素晴らしいものがあり、その独自性や多様性は世界からも関心を集めているのです。

また、アメリカには、アメリカで独自に生まれ定着している「フュージョン寿司」というものがあります。これは、伝統的な寿司に他の料理の要素を取り入れたもので、例えば、メキシコのタコスの具材やアメリカ南部のバーベキューソースを取り入れたものなどがその代表例です。異文化の食材や調理法を大胆に融合させています。日本の寿司屋では基本的に握りがメインであるため、巻物はカッパ巻きや鉄火巻き、梅と山芋などシンプルなものがほとんどです。しかし、アメリカや世界では、このフュージョン寿司のような具がたっぷり入った太巻きに、鮮やかなソースがかかったものが「寿司」として広く親しまれています。日本から訪れる方にその姿は驚きに映るかもしれません。しかし、このフュージョン寿

世界では「寿司」と言えば巻き寿司を思い浮かべる人が多い。アメリカでは地域の食文化を取り入れたフュージョン寿司が特に人気を集めている。

司は、アメリカの多様な食文化を反映しており、現地の人々に愛される存在になっているのです。

60年以上も前にここロサンゼルスのリトル・トーキョーで生まれた、カリフォルニアロールは、世界で最初のフュージョン寿司と言えるのではないでしょうか。海苔や生魚に不慣れなアメリカ人に安心感を持って美味しく食べてもらえるようにと進化した寿司です。これは日本人向けに考案されたものでなく、アメリカ人にもっと寿司を提供したい思いで生まれたもの。つまり、海外で進化した寿司は現地に適応して進化した寿司なのです。

日本の寿司、特に江戸前鮨は江戸時代の屋台の頃からは進歩していますが、長年にわたって伝統を守り続けていて、ここしばらく変わっていないように思います。「変わってはいけない」という考え方が必要以上に根付いているようにも感じます。それが寿司の良さでもありますが、もし海外で寿司シェフとして活躍したいのであれば、変化を恐れないことも大切です。それは、どうしても現地で手に入る食材の違いもあり、すべてが日本と同じ条件で作れるわけではないからです。

フランス料理の世界でも若い料理人がフランスに渡って、本場で修行して基本を学び、日本に帰ってきてから日本の食材とフランスの技術を融合させて、お客様にクリエイティブな一皿を提供する例がよくあります。例えば、フランスではレモンを使っていたところを柚子《ゆず》に置き換えたり、ホースラディッシュを使用していたところを代わりにワサビを用いたり。料理人の知恵と工夫によって新しい料理が生まれるのです。

同じように、アメリカに渡った日本人たちも知恵を絞り、工夫を重ねて寿司を進化させてきました。お客様の好みも違うし食材も限られる環境の中でクリエイティビティを発揮し、アメリカならではの独自の寿司文化が育まれ、花開いたのです。日本の寿司カウンターにはなかった新しい寿司が、アメリカをはじめ世界で次々に生み出されているのです。

文化による味覚の違いについて

「味の好み」という点について、少しお話ししたいと思います。

寿司が世界中で人気を博しているとはいえ、日本人の味覚と同じかというと、必ずしもそうではありません。例えば、寿司の食べ方一つをとっても、日本とアメリカでは大きく異なります。日本人はほんの少ししか醤油をつけませんが、アメリカでは多くの方が醤油に多めのワサビをしっかり混ぜ、ケチャップのようなとろみをつけて巻き寿司を食べている様子を目にすることがあり、「素材そのものの味を生かして楽しむ」という、寿司本来の味わい方やその魅力が、まだ十分に伝わっていない部分があるように思います。

最近では、日本式の「おまかせ」を理解して注文する上級の寿司愛好家も少しずつ増えてきました。それでも、コハダの握り寿司は通好みで、好んで食べる方は少数派でしょう。こうした通好みの寿司を日本と同価値で提供するのは、今のところ、世界のどこでも簡単ではないのが現状です。アメリカの大都市では「オマカセ」として本格的な寿司の人気が高まっていますが、ロサンゼルスでさえ、ここに至るまでに数十年もかかってきたのです。

また、アメリカは合衆国だけに移民の国です。ネイティブアメリカン以外のすべての人々が異なる移民のルーツを持っており、ヨーロッパ系だけでもドイツ系、イギリス系、イタリア系と多様で、さらにアフリカ系、南米系、アジア系など、世界中からの移民で成り立っています。つまり、アメリカでは多様な食文化が混在して共存しており、食に対する好みも文化の違いに応じて多岐にわたるのです。日本では出汁、醤油、味噌《みそ》といった基本の味が存在しますが、アメリカはそうではありません。こうした食文化の違いや味覚の違いを理解しておくことは、特にここアメリカでシェフとして働く上では重要だと思います。

そして、日本人の味覚をそのまま押し付けるのではなく、お客様一人ひとりに合わせた調理を心がけることも大切です。お客様がどんな味の好みを持っているのかを理解し、それに応じた料理を提供することで、真の満足感を与えられるのです。同じ日本人でも地域によって味の好みが異なるように、好みは一様ではありません。すべての方に同じ味付けでお出ししても、同じ満足感ではないと思うからです。料理をする上で、自分本位に偏りすぎず、相手を理解することが大切だと思っています。柔軟に対応することが必要だと感じています。

私たちが舌で感じる味覚は、「甘味」「塩味」「酸味」「苦味」「旨味」の5つに分類されます。これに加えて、「辛味」や「渋味」「えぐ味」なども存在します。私の経験から言えるのは、日本人はこれらの味を世界の人々よりもとても繊細に感じ取ることができるということです。これは、出汁という文化が影響しているのだと思います。出汁とは旨味を水に移し取ったもの。水を基本とした食文化が、舌の上を通る味の感覚を研ぎ澄ませたのです。

欧米や中国の食文化では、オイルやバターが基本となるため、どうしても味が濃くなります。油脂は舌に長く残るため、味が濃くなければ物足りなく感じるのです。そのため、砂糖や塩、辛みなどを和食以上に必要とし、自ずと味付けが濃くなるのです。それゆえ、油脂を多く使う食文化の国で日本食を提供する際に、日本人に合わせた味付けをそのまま提供しては、十分に美味しく感じてもらえないことがあります。それがレストランだとすれば、つまり人気を得られないということ。海外では少し濃い目の味付けを心がけることで満足感を高めるという「味覚の逆算」をすることが人気シェフになる鍵と言えるかもしれません。

しかし、健康志向が高まる中、すべてを濃くするのではなく、薄味の料理も用意してバランスを取ったり、素材を味わうための日本食本来の味付けのメリットなどもしっかりと説明をしたり、本当の日本食を理解してもらえるような説明が必要だと思います。寿司バーではこうした対話ができるので、お客様との会話は非常に大切です。こうした知識も提供することによって、日本食を正しく理解する寿司愛好家を育てることができるのです。

一口目の美味しさで人気が決まる

もう1つ重要なポイントがあります。それは、「一口目の美味しさ」です。関西のうどんは出汁が基本で薄味です。関西人はこのうどんを最後まで食べ終えて、「旨かった」と満足します。しかし、初めて関西うどんを食べる外国の方は、一口だけ食べて「味がなく物足りない」と感じるかもしれません。そして、結果として「美味しくない」と判断されることがあります。海外で日本食を提供する際にはこの違いを理解することが重要です。

日本食に馴染みのない方々に料理を提供する際には、この最初の一口で「美味しい!」と感じてもらえる味付けが、ビジネスの成否を左右します。最初が美味しいかどうかで、その料理が評価されるのです。この点は、日本のシェフにとって理解しにくいかもしれません。特に日本料理は、最後まで残さず食べることで満足感が得られる料理が多いからです。しかし、日本食に馴染みのない外国の方々には、一口目で美味しく感じてもらわなければその後がない。

ここに大きなポイントがあるのですが、これを十分に理解しているシェフは少ないかもしれません。

あまりにも自分の味に自信があることで、自己流の味を押し通すシェフがいますが、それが原因でレストランが閉店してしまうケースを多く見てきました。日本の有名シェフが海外で店を開いても、数年も経たないうちに閉店となった事例をたくさん知っています。異文化に適応しないレストランは異国でビジネスとして成功しにくいのです。「郷に入っては郷に従え」という言葉があります。その土地の風習を尊重してこそ、その土地に受け入れられ、成功への一歩を踏み出せると思います。

それは、「和」の考え方と相反することではありません。日本人が大切にしてきた本当の「和」の考えとは、変化しないことではなく、古いものを敬い、大切にすべき芯を中心に据えながら、感性や感覚をよく働かせてさまざまなものと出会い、新しいものを生み出していくことだと理解しています。本当の「和」とは、排除とは逆の方向にあるものだと思うのです。

私はこの「和」の心を持って、世界に通じる日本食をさらに盛り上げていきたいと思っています。そのためには、国際的な感覚を持った寿司シェフを育成していくことが、たった１つの重要な手段だと信じています。

「おもてなし」の心を感じるサービス

このように国際感覚を持った寿司シェフが求められている今、何より大切になってくるのは、やはりお客様とのコミュニケーションではないでしょうか。お客様を理解し、その好みに合わせた料理を提供することで、美味しく楽しい時間を過ごしていただく。それが寿司シェフにとって重要な役割だと私は考えています。食事は人間にとって欠かせないものです。毎日の家庭の食事は健康のための栄養を補うことが主ですが、レストランでの食事は、ただの栄養補給ではなく、心を豊かにする体験、つまり「心の栄養」だと考えます。レストランに行くのは、家庭では味わえない特別なひとときを求めているのです。

今後のレストランビジネスで欠かせないのは、美味しい料理の提供に加えて、「心配り」のあるサービスです。多くの観光客が日本を訪れて満足している理由の1つは、料理の味や価格だけでなく、そこに込められたサービスや「おもてなし」の心にあると思います。

私もアメリカのレストランによく足を運びますが、時折、何か物足りないと感じることがあります。それは、心に響く気遣い、「おもてなし」の心です。美味しい料理はもちろん重要です。それに加え、さらに必要なのは「おもてなし」の心。心温まるサービスがあれば、お店は成功すると私は確信しています。

アメリカの多くのレストランのサービスで70％の満足度を感じることはありますが、１００％を超える満足感を得ることはなかなかありません。しかし、もし１２０％のサービスを提供されたら、誰でももう一度そのお店に足を運びたくなるでしょう。こうした「１２０％のおもてなし」が、これからのレストランには必要だと感じています。

寿司シェフもまた、一人ひとりがそれぞれの個性を持っています。もちろんお店によってスタイルは違いますが、日本では、無愛想が格式のように捉えられているところもまだ少なくありません。しかし、私の考えでは、それでは国際的な感覚を持っているとは言えないと思うのです。

私はお客様のニーズにしっかりと応えられるような、心配りができる寿司シェフが多く育つことを願っています。どんなお客様にも喜ばれ、どんな国でも通用する国際感覚を持つ寿司シェフの育成が今こそ急務です。「ＳＵＳＨＩ」はもう世界中で愛される国際的な料理なのですから。

第2章

私の寿司人生と寿司シェフ育成の道

料理の道とアメリカへの憧れ

父の影響で料理が得意に

ここで少し、簡単に私の寿司人生についてお話しさせていただきましょう。

私が生まれたのは兵庫県の片田舎です。貧乏な家族の次男として生まれました。父はトラックの運転手をしていましたが、チャレンジ精神が旺盛で、その他にもいろいろな職業を経験していました。料理が好きで客商売に憧れていた父は、1966年、私が小学3年生の時に、織物産業で賑《にぎ》わう西脇市の駅前で小さな居酒屋を始めました。関西では珍しかった関東炊き、いわゆるおでんを売りにしたお店でした。まったくの素人だった父ですが、アイデアが豊富で、お店はそれなりに繁盛していました。

そんな父親の影響でしょう、私も小さい頃から料理をするのが好きでした。お腹が空くと、家の裏の畑に行って野菜を採って来ては、自分で料理して食べていた記憶があります。台所が遊び場みたいな感じでした。両親とも働いて忙しかったので小学校、中学校の弁当は毎日自分で作っていたほどです。

兄は当時、持病の小児喘息で病弱だったため、一緒に遊ぶことはほとんどありませんでした。家では私はいつも1人でテレビを見て過ごしていましたが、特に夢中になっていたのはアメリカの西部劇やアクション映画です。そのせいでしょうか、外国、特にアメリカ映画の世界が私の夢の国になっていたのです。

父の店はその後も順調に繁盛し、居酒屋から大衆食堂へと発展しました。さらに他にも居酒屋を出店したり、スーパーの中にも店舗を構えるなど、多店舗経営へと成長しました。家族の中では、勉強熱心な兄は大学に進学して就職するだろうというのが共通の理解で、自然と私は父の店を継ぐことが決まっているような雰囲気でした。しかし、高校卒業間近になった兄が突然「自分が家を継ぐ」と言い出し、中学を卒業したら早々に父の店で働くつもりだった私は、当てが外れてしまいました。両親から「まずは高校だけは出ておけ」と勧められ、地元の工業高校に進学することにしました。

私は学生時代から1人で旅をするのが好きで、中学時代には自転車旅や、列車旅をよくしていました。高校卒業から就職までの短い期間を利用して、卒業記念に北海道への一人旅を計画したのですが、それを許可してもらうために、私は両親に約束させられたことがありました。それは尼崎にある老舗の寿司屋に修行に行くということでした。

楽しかった北海道の旅もつかの間、苦しい修行が始まりました。想像を絶する仕事の量に加え、職人同士のもめごとも多くあって、まさに厳しい人生の試練でした。体力的にも精神的にも大変過酷な生活でしたが、救いだったのは、そこの師匠に気に入っていただけたことでした。師匠から寿司の基礎と技術を徹底的に叩《たた》き込まれ、多くの知識を学ぶことができました。その経験が私の人生の財産となりました。今の私があるのは、まさにこの師匠のおかげと言っても過言ではありません。

突然見舞われた地獄の日々

修行を始めてから1年が過ぎた頃、私の人生で最も辛い、まさに地獄のような日々を経験しました。無二の友人を自ら命を絶つという不幸で失い、さらに追い打ちをかけるように、ずっと恋焦がれていたクラスメイトが結婚したという知らせを受けました。どん底の気持ちで過ごしていたある朝、私は大きな交通事故を起こしてしまったのです。神戸市のポートタワー近くでの接触事故でした。私自身は大きな怪我はしませんでしたが、相手の車は電柱に激突して大破。ドライバーの女性はハンドルに頭をぶつけましたが、幸いにも大怪我には至りませんでした。事故が起きた瞬間から車が静止するまでの数秒間、まるでフラッシュバックのように、自死した友人や結婚してしまったクラスメイトの顔が次々と浮かび、暗闇に落ちていくような感覚でした。

「不幸は一度転んだ人間に、容赦なく襲いかかってくるのだ」とその時は、神仏さえも恨んだものです。重なり続ける不幸に同情される立場から一転、家族や友人、知人からは責められ、まるで暗闇に閉じ込められたかのような日々が続きました。何週間も続いたその悶々《もんもん》とした日々は、まるで底なし沼に落ちてしまったかのような絶望的な感覚でした。死さえも考えましたが、死ぬ勇気も元気もない状態でした。

しかし、「もうこれ以上落ちることはない」。そう感じた時、不意に、泥沼の中に蓮《はす》の花がポンと咲くかのように、小さな光が見えたように思いました。そして私は決意したのです。「誰にも頼らず、自分ひとりでこの暗闇から這《は》い上がろう」と。そんな私にとって、その一歩が憧れの国、アメリカへの旅でした。

前述のとおり、私は子どもの頃に熱中したテレビ番組の影響で、アメリカをはじめとする海外に強い憧れを抱いていました。そして、いつかその憧れの地を訪れて自分の目で見てみたいと、地道にお金を貯めていました。高校時代は夏休みに市役所の食堂でアルバイトをし、修行時代も生活費以外の給与はほとんど貯金に回していました。修行を始めてから2年半が経った頃には40万円を貯め、私は意を決して寿司屋を辞めて、念願のアメリカへ旅に出たのです。今の金額にすれば100万円以上の価値はあったと思います。

ロサンゼルスで垣間見たアメリカンドリーム

人生で初めての海外旅行。それまで自転車で四国や京都などを旅したことはありましたが、アメリカへの旅は、感激も興奮もこれまでのどの旅とも桁違いの、衝撃的な体験の連続でした。今でこそ簡単に「海外旅行」と言いますが、１９７６年当時の状況を考えると、「よくぞ行った！」と、自分を褒めてあげたくなるほどの大冒険でした。沖縄が日本に返還され、パスポートなしで行けるようになったのが１９７２年のこと。それ以前は海外へ行くことは今ほど気軽なものではありませんでした。

私はパンアメリカン航空で東京からサンフランシスコに飛び、そして2日後にはロサンゼルスに到着しました。そして、ロサンゼルス近郊のパサデナに住む知人宅に転がり込みました。

到着の翌日、私は知人とリトル・トーキョーを訪れることにしました。そこで入った日本食レストラン「一番」で出会ったのが、リトル・トーキョーで名の知れた寿司シェフの青柳さんでした。青柳さんはリトル・トーキョーのドンとも言える存在で、経験豊富で尊敬されている寿司シェフでした。青柳さんは私が寿司シェフであることを知ると、一番の寿司の現場を見学させてくれました。また、私の技術も見てくださり、なかなかの腕だと褒めてくださいました。青柳さんのおかげで、ロサンゼルスの寿司の現場を体験させていただく機会に恵まれたことは、私にとって大変な幸運でした。というのも、日本以外の寿司を知らなかった私にとってこの経験は、日本の伝統的な寿司とは違う「新しい寿司」を知るきっかけとなり、視野を広げてくれるものとなったのです。

さて、その翌日のことです。偶然、近くの寿司バー「栄菊《えいぎく》」で急にシェフが辞めてしまい、ピンチヒッターを探していると聞きました。青柳さんは私が寿司カウンターでも十分やっていける腕前と認めて推薦してくださり、急遽私は代わりのシェフが見つかるまで栄菊でヘルプを務めることとなったのです。

この栄菊での経験は、私にとってまさに異世界のようなものでした。栄菊は、日本から多くの著名人、芸能人が訪れる店で、普段なかなか接することができない方々に寿司を提供し、会話を交わすという、日本での修行時代には想像すらもできなかった特別な体験をさせていただきました。プライバシーを尊重してお名前は伏せますが、当時の大スターの方々が集う場所だったのです。

また、アメリカならではのチップ制度についても知りました。従業員たちは、給与とは別に、毎日１００ドルもの金額をチップとして手にしていたのです。それを当時の日本円に換算すると、かなりの金額。私と同世代の従業員がひと月に日本円で60万円もの収入を得ていることを知りました。日本の同級生の月の収入が６万円でしたから、その10倍という高額の収入は、アメリカンドリームの可能性を感じさせて余りあるものでした。若かった私がアメリカを「夢の国」のように感じたのは、この経験も大きかったと思います。ロサンゼルスでのこの経験は私にとって非常に大きな衝撃となりました。

その後、カナダ、ヨーロッパへと旅を続け、ロンドン、パリ、イタリアなど、ヨーロッパの多くの国々を回りましたが、常に頭の中にあったのは、寿司文化で賑わう華やかなロサンゼルスでの日々でした。

4か月かけて16か国を旅して日本に戻った時、ポケットには3000円しか残っていませんでした。それを握りしめて、以前お世話になっていた尼崎の魚屋さんに飛び込み、「仕事はありませんか?」と相談したところ、運良く京都の亀岡のお店を紹介され、そのまま京都の「大巳鮨」という寿司屋で責任者として働くようになりました。当時まだ21歳だったので、店の職人さんは皆年上。それでも職場を仕切ることができたのは、腕に自信があったからです。

その後もいくつかの店を任せてもらいましたが、心の中には常に目標がありました。それは、「25歳になったら再びアメリカに渡る」という夢です。それに向けて数年間がむしゃらに働き、腕を磨きました。

23歳の時、両親が経営する店と兄の店を1つにまとめ、客数250席の大型レストランを開店することになりました。25歳での渡米を条件に、私も手伝うことにしました。兄が経営者で父が広報担当、そして私は寿司バーの全権を任されました。店は父と兄の長年の常連さんに支えられ、開店当初から連日連夜、大忙しでしたが、私の心は常に「25歳で渡米する」そのことを見据えていました。

包丁一本を胸に、いざロサンゼルスへ！

ロサンゼルスで新しい道を切り開く

１９８１年、ついに念願叶って私は渡米しました。実家の店で働きながらも、ずっとアメリカで寿司シェフとして生きることを夢見て、コツコツと貯金をしていました。人生を賭けた挑戦でしたが、心の中には「ロサンゼルスで新しい道を切り開こう」という決意と、わくわくする気持ちがあふれていました。そして、計画通り25歳でその夢を実行に移すことができたのです。

渡米の際、持っていったのは最小限の着替えと、文字通り何よりも大切な包丁一本だけ。ロサンゼルスの空港に降り立った瞬間、ここから新しい人生が始まるという興奮で胸がいっぱいでした。空港からそのまま、以前お世話になった栄菊に行き、そしてサンタモニカのレストランを紹介していただいて、すぐに働き始めることができました。

この渡米では、最初から永住権を申請するつもりだったので、前回の滞米中に知り合ったリトル・トーキョーの方々に相談して、永住権申請をサポートしてくれる経営者を探してもらっていました。

そして紹介されたのがサンタモニカにある日本食レストラン「高輪《たかなわ》」でした。折よく彼らも寿司バーのメインシェフを探しているタイミングだったので、寿司バーのマネジメントを引き受ける代わりに、永住権申請のサポートをお願いしました。高輪は22席の寿司カウンターとダイニングがある中規模のレストランでした。私が主任としてその寿司カウンターを担当することになりました。

当時、西海岸はすでに寿司ブームの真っ只中でした。その時流にも乗ったのでしょう。日本人シェフの本場の寿司が食べられるということで、私が入店してすぐ、週末は1時間待ちという人気店になり、雑誌にも何度も取り上げられ、注目される店となりました。また、ここは若いスタッフが多い店で、彼らに技術指導をしながら、3年半で売上を3倍に伸ばすことができました。思えば、この時が私の指導人生の始まりでした。

1981年、サンタモニカの寿司バーで働く著者。著者が入店してすぐに人気店に。お客様との交流も寿司シェフの仕事の楽しいところ。

その頃はまだ、英語はほとんど話せませんでしたが、包丁さばきや握りの技術でお客様を惹きつけることができたのだと思います。それでも、やはり早く英語が上達したいという思いがあり、週末に遊びに行く時も飲みに行く時も、なるべく日本人とではなく、現地の友人や知人たちと出かけました。

こうして私のアメリカでの生活は始まりました。寿司バーのカウンターでお客様と接する中で、アメリカの寿司や日本食の状況、アメリカ人の食生活や味覚の違い、日本とアメリカの文化の違いや、さらには貧富の差で分断されたアメリカの社会についてなど、前回の滞在では知り得なかった多くのことを学びました。

サンタモニカは白人社会で、経済的にも裕福な地域です。お客様もほとんどが白人系富裕層のアメリカ人でした。そのため、高輪で働き始めて半年も経たないうちに、弁護士や医者、不動産業者などから「パートナーになって寿司バーを開かないか」とのオファーを受けるようになりました。日本では考えられないことでしたが、ビジネスのセンスに長け、投資に積極的なアメリカのビジネス文化を肌で感じた瞬間でした。当時はまだ永住権を持っていなかったため、これらのオファーはすべてお断りしましたが、タイミング次第ではセレブリティとの共同経営で成功を目指す道もあったかもしれません。アメリカのビジネス界のスケールとダイナミズムを、改めて感じた出来事でした。

その一方で、同じロサンゼルスでも地域が変わると治安も悪かったり、貧困層の生活ぶりが顕著にうかがえる地域もあって、そのギャップには驚かされました。日本ではほとんどどこでも同じような生活環境であり、安全性を気にして生活する地域はほとんどありません。しかし、ここアメリカでは「安全をお金で買う」という感覚がありました。住む地域を慎重に選び、少し高い家賃を払ってでも安全を重視して住居を選ばねばならないと強く感じたものです。

永住権を持って働くベネフィット

サンタモニカで働き始めてから4年が経とうとしていた頃、ついにアメリカの永住権、いわゆるグリーンカードを取得しました。またその頃、知人の紹介で結婚することにもなりました。今も変わらず、家族を支えてくれている妻には本当に感謝しています。こうして私のアメリカ生活のセカンド・ステージが幕を開けたのです。

永住権を取得したことによって、仕事や生活の状況は大きく変わりました。私のアメリカにおける権利がアメリカの法律によって保護されるようになり、安定した生活が保証されることになったのです。仕事を選択するにもアメリカ人と同じような職種を選べるようになり、アメリカ人と同じような待遇で働くことができるようになったのです。特に大きく変わったのは、週休2日制を選べるという待遇でした。アメリカの永住権を持つ者は、土曜・日曜が基本的に休日となります。学校や銀行、市役所などで働く多くの人がこれを当然の権利としています。

そのため休みの日に働けば、1・5倍の賃金を得ることができるなど、労働者としての権利が充実していました。永住権を取得したことで、私もアメリカの労働者と同等のこの権利を得ることができたのです。

永住権を得た私は、さっそく外資系ホテルの寿司バーでの仕事を探しました(第4章で詳しく述べますが、一般的に永住権申請のサポート下の場合、腕に見合った報酬をいただくことは難しいため)。そして、ロサンゼルス空港近くの四つ星、シェラトン・ホテルに採用され、そこの寿司バーの管理を一任されることになりました。労働時間は基本的に週40時間で、私の担当は平日ランチと土曜の夜だけ。日本の飲食業では考えられない厚遇です。日本にいた頃は週に80時間は普通に仕事をしていたので、恵まれたアメリカの労働環境には驚くばかりでした。

さらに、ホテルでは従業員に対して、医療保険や労災保険を提供しているため、歯の治療や病院での手術などはこの恩恵を受けることができ、非常に安心感がありました。

シェラトン・ホテルで働く従業員のほとんどは日本人ではなく、お客様もほとんどが英語圏の方々だったため、ここで自然と英語を使う環境に慣れていきました。また、時間の余裕もできたため、夜はコミュニティ・カレッジで英語を本格的に習得することにしました。アメリカの文化をもっと深く知りたかったのと、さらに英語のスキルアップをしたかったのです。また、ビジネスの知識を英語で学ぶことで、将来の起業のための準備になるだろうという思いもありました。

その頃、ちょうど日本のバブル経済がロサンゼルスにも波及し、寿司ブームが絶頂を迎えていました。ベンチュラ通りやウィルシャー通りは「寿司街道」と呼ばれるくらいに日本食レストランが立ち並び、アメリカ人の寿司愛好家が夜ごと寿司バーに通っていたのです。

私は平日はホテルの仕事をこなしながら、週末は他の寿司バーでのアルバイトも始めました。それだけでもかなりの収入でしたが、それから次第に欲が出て、アメリカの商品を日本に輸出する仕事にも手を出しました。スノーボードなどのスポーツ用品を売ったり、絵画の売買にも手を広げ、私の生活は、ホテルの寿司バー、夜学、輸出業、そして週末のアルバイトと超多忙な毎日となりました。

ビジネス拡大のストレスの結果……

輸出業は順調に拡大し、扱う金額は数千万円単位ともなりました。スノーボードだけでも年に1億円を扱うビジネスとなりました。有頂天になっていなかったといったら嘘になるでしょう。そして、この状況は天井知らずに続くものと思い込んでいました。

しかし、多忙な日々と大きな取引額がもたらすリスクのプレッシャーから、知らず知らずストレスが積み重なっていたのです。そして、数年で日本のバブル経済は崩壊。経済が急速に悪化していく中、私のストレスもピークに達し、ついには体調に異変が現れました。検査の結果、癌と診断されました。幸いにして、初期段階で見つかり、抗がん剤治療を始めました。私はホテルの仕事を辞め、輸出ビジネスも畳んで、治療に専念せざるを得ませんでした。

しかし、1年間の闘病生活でも完治には至らず、翌年にはUCLA病院で10時間にも及ぶ手術をすることになりました。治療後も体力的な問題で、仕事に復帰することもできず蓄えは減るばかり。保険の補償だけでは限度があり、日々の生活費、アパートの家賃、そして治療費の支払いなどが重なって、経済的にも精神的にも苦しい生活を経験しました。家族がいるにもかかわらず、仕事ができない無力感。まさに人生2度目の地獄でした。収入もなく、病院通いの日々は想像以上に辛いものでした。

「講師」という天職との出会い

癌の治療とリハビリを始めてから3年が過ぎた頃、ある知人から今まで経験したことのない仕事の依頼が舞い込みました。それは同じ寿司でも、作る側ではなく「教える」側。つまり学校で生徒に寿司を教える「講師」という、まったくジャンルの異なる仕事でした。これが私の新たなステージ、いわばサード・ステージの始まりであり、まさに天職との出会いでした。1998年、渡米してから17年目のことです。

当時、第二の寿司ブームの中、ロサンゼルスでは寿司シェフの需要が高まっていたにもかかわらず、移民法の規制により日本から寿司シェフを迎えることができませんでした。しかし、それとは裏腹に寿司は大流行。寿司シェフの採用に苦戦するレストランが多く、寿司シェフの取り合いのような状況となっていました。日系新聞の求人欄も日本食レストランや寿司シェフ募集の広告で埋め尽くされていました。しかし、その求人に応じてやってくる人材はほとんどが経験がなく、日本人でもなく、日本語はもちろん英語も話せない場合もあり、キッチンヘルパー以下の人ばかり。同じ人がいくつものレストランの面接をぐるぐる回っていたような状況だったのです。

こうした現状を目の当たりにして、寿司シェフの育成が必要だと以前から感じていた私は、この講師という仕事のオファーに強く惹かれました。私は病み上がりだったということもありフルタイムは難しかったので、1日5〜6時間しか働けないという事情を伝えると、それでも構わないということで、この新しい挑戦を引き受けることにしたのです。

こうして、地元アメリカ人を対象に寿司シェフを育成する寿司学校「カリフォルニア・スシ・アカデミー」がスタートしたのです。社長は元証券マンの日本人で、彼が経理も担当し、広報は韓国系アメリカ人のFさんが担当、私は副社長に就任し、講師も務めることになりました。

ところが、いざ学校に顔を出してみると、設備は揃っていないし、カリキュラムもない状態。開校日はすでに決まっていたため、私は慌てて準備を始めました。まずはカリキュラム作りからスタートし、必要な備品リストや書類の作成まで2か月かけてすべてをゼロから作り上げました。この間、報酬はありませんでしたが、これまでの職場で後輩シェフを指導してきた経験が大いに役立ちました。

この学校は6か月、つまり半年で寿司シェフを育成するプログラムでした。ロサンゼルスの日本人社会では、「そんな短期間で寿司の技術が身に付くわけがない」「最低でも5年はかかるものだ」「役に立たない」と、半年で寿司を学ぶという考え方はなかなか理解されませんでした。そして、「そもそも、生徒も集まらないだろう」と嘲笑され、冷ややかな声も多くありました。

しかしフタを開けてみれば、寿司シェフに憧れるアメリカ人や、新しい人生を切り開こうとする在米の日本人、アジア系の人々の関心を集め、予想をはるかに超える入学希望があり、学校はビジネスとして成立しました。

私は寿司バーを店ごと任されていたこともあって経営の経験も積んでいたので、生徒を教えながら学校のマネジメントにも積極的に取り組みました。プライベートレッスンや、1日だけの体験クラスを導入し、さらにはサイドビジネスとしてケータリングを開始するなど、さまざまなアイデアで学校の経営をなんとか軌道に乗せるため尽力しました。

この寿司学校は、まさに歴史的なものだったと言っても過言ではありません。日本にも世界にもなかった寿司専門の学校が、1998年、ロサンゼルスに誕生したのですから。日本に寿司の専門学校がはじめて設立されたのは2002年。その4年も前にロサンゼルスに寿司学校が設立されたのです。地元の新聞「ロサンゼルス・タイムズ」やローカルのテレビにも数多く取り上げられ、開校から2年の間に200人以上の生徒が卒業していきました。

しかし、残念なことに経営面での問題が表面化し、2年目を境に経営は難航。結果として、私を含む役員3人全員が退職することになりました。学校はその後も続きましたが、自然消滅というような状況となってしまいました。

ロサンゼルスに自分の寿司学校「スシ・シェフ・インスティチュート」を開校

寿司シェフ育成の使命感

しかしこの間に、「寿司を教える」ということに深い愛着を覚え、指導者としての道に使命感を抱いた私は、この「寿司シェフを育てる」という仕事への熱意が冷めることはありませんでした。私はためらうことなく、新たに自分の寿司学校開校への道を模索しました。

そして2002年9月、リトル・トーキョーの日系コミュニティ・センター内に、寿司学校「スシ・シェフ・インスティチュート」を設立しました。当初は本当に小規模で、施設内のカフェの厨房を間借りしてのスタートでした。

スシ・シェフ・インスティチュートのプログラムは、カリフォルニア・スシ・アカデミーよりもさらに短い、わずか2か月で寿司シェフを育成するという短期集中型のプログラムです。このコンセプトがひらめいた時、日本の知人からは、「無謀だ」「馬鹿なことを考えるな」と釘を刺されました。「日本人でもそんな短期間で一人前になれないのに、アメリカ人や外国人相手にできるわけがない」と。なんとか学校を開校した時にも、「無理に決まっている」「信用を失うぞ」など、苦言をたくさんいただきました。しかし、教育への熱意に突き動かされ、また、寿司への強い思いが支えてくれ、私に迷いはありませんでした。

私には確信と信念がありました。寿司ブームは一過性のものではなく、世界中に広がっている。そして寿司シェフの需要はさらに確実に増えることも分かっていました。「できない」と考えるのではなく、「育てるしかない」という現実を肌身で感じていたのです。ことに料理の世界は、本当に小さい枠に捉われていることが多く、そんな固定観念に捉われていてはグローバルな市場では通用しないことを、私はアメリカに来て生活する中で、さらにはその前の世界旅行の体験から痛感していました。

その頃の私の頭の中にあったのは、1人でも多くの優れたシェフを育てることのみ。「この寿司シェフに会えてよかった」と言われ、お客様を笑顔にできる、そんなシェフを育成したいという思いです。そして、彼らが全米、さらには世界で活躍する姿を励みに、5年はかかるという日本の寿司職人養成のシステムに、私は1人挑戦したのです。毎週のように寿司バーが開店する状況を考えれば、信念に従い、この挑戦はなんとしても成功させなければならなかったのです。

開校してからも批判の声はありました。しかし、私はそれらにひるむことなく、毎日毎日、ひたすら寿司シェフの育成に尽力しました。自分が持つすべての技術と知識を生徒たちに惜しみなく伝え、寿司の基本を教えていくこと。それがすべてでした。彼らに少しでも成長してもらいたい、1つでも多く技術を身に付けてほしい。とにかく、日本料理の理解を深めてもらうことだけを考えて授業をしていました。それだけがむしゃらだったからこそ、批判に圧し潰されることがなかったのでしょう。

当時、私は学校のすべてを1人で運営していました。朝8時から午後1時まで授業と実習を行い、その後は自宅に戻って事務仕事に取り組む日々。学校と自宅の距離は1時間以上もありましたが、それでも続けられたのは、なんと言っても教育に対する使命感と情熱、そして生徒たちに対する愛情があったからでした。

最初の生徒の募集には本当に大変な苦労がありました。私は20年以上の寿司シェフのキャリアがありましたが、闘病の時期もあり、メディアで注目されるような有名シェフではありませんでした。そのため、知名度に頼ることはできないと承知していましたし、地道な努力しかありませんでした。知り合いのレストランオーナーや業者に連絡を取ったり、個人レッスンを開催したり、リトル・トーキョーのイベントでケータリングや寿司のデモンストレーションを行いながら学校の名刺を手渡し、宣伝活動を続けました。作った名刺の数は3000枚を越えていました。とにかく学校の存在を知ってもらうこと。それに努めました。

そして、石の上にも三年、少しずつ学校の存在が知られるようになり、徐々に経営が軌道に乗り始めました。数年後には、日系コミュニティ・センター内にも一部屋を借りて事務所を拡充。また、スタッフを雇えるようにもなり、学校の規模は少しずつ拡大していきました。

トーランス市に学校を移転、独立した校舎へ

開校から9年目となる２０１１年、スシ・シェフ・インスティチュートは、これまで拠点にしていたリトル・トーキョーの日系コミュニティ・センターから、ロサンゼルス市内から車で約30分ほど南に位置するトーランス市へと移転することになりました。この移転は、私たちにとって単なる場所の変更ではなく、まさに新たな挑戦と飛躍の一歩でした。長年の努力が形となり、「自分たちの学校」として独立した姿を実現したのです。

トーランス市は、日系企業が集まり、主要フ

トーランス市に移転した新しい校舎。

多目的に使える広々とした新しい校舎。

リーウェイや国際空港からのアクセスも良好という好立地です。そこで私たちが賃貸契約したのは、約370平米という広大なスペースを持つ倉庫でした。ここは、ただ寿司の授業を行うだけの空間ではなく、寿司の魅力を広く発信するためのイベントスペースとしてなど、多目的に活用できる場所とし構想していました。もちろん、倉庫を寿司学校として機能させるためには大規模な改装が必要でした。資金も潤沢ではなかったため、友人や知人の協力を得て、時間と労力をかけて内装を進めました。

移転のプロセスは決して簡単なものではありませんでした。生徒募集はもちろん、カリキュラムの再構築や学校の設備の整備、内装工事の進行管理など、さまざまな課題に追われました。また、トーランス市やロサンゼルス・カウンティーの行政機関との許認可のやりとりもあり、まるで手が空く暇がない日々が続きました。これに加えて、通常の授業も並行して進めなければならず、まさに過酷な毎日でした。

3か月の奮闘を経て、ようやく新しい校舎が完成した時、その場所には倉庫だったとは思えないほどの温かみが宿っていました。すべてを整え、広々とした新しい校舎に足を踏み入れた時、胸にこみあげる達成感と誇りを抑えることはできませんでした。この空間こそが、私たちが未来の寿司シェフたちを育て上げる新たな舞台となるのです。そして私は確信しました。「ここからが本当のスタートだ」と。寿司業界に革命をもたらす新たな時代が、ここから始まるのだという気持ちで胸が高まりました。

しかし、やっとの思いで移転が完了した頃、なんとアメリカ経済は急激に低迷し始めました。学校の経営

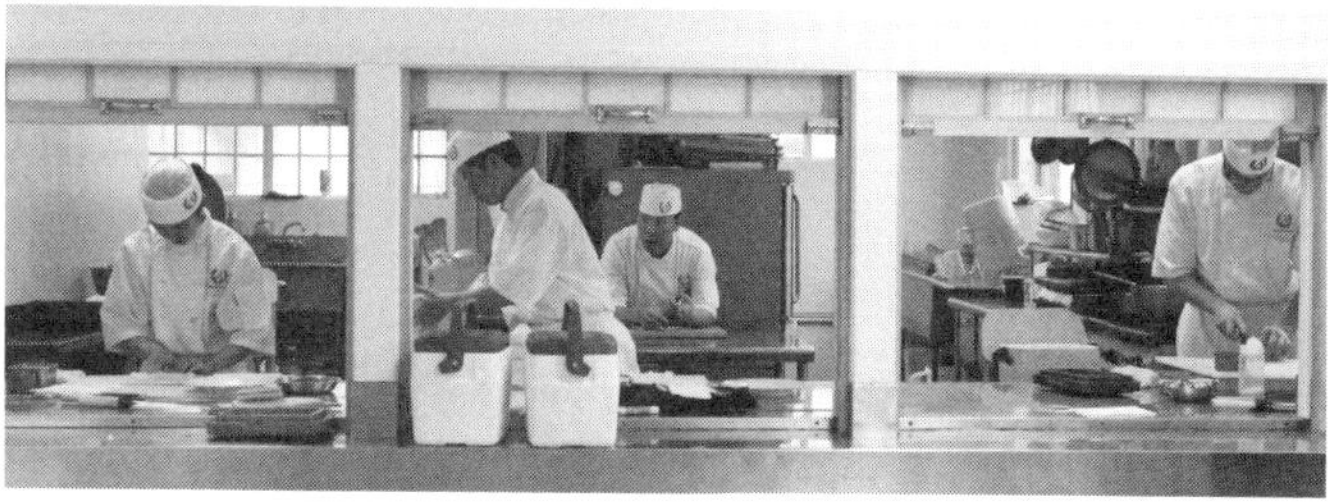

キッチンも広々としており、肘のぶつかりを気にせず、練習に集中できる環境が整っている。

もまた、決して楽ではありませんでした。教室の規模は大きくなったものの、そのキャパシティに見合った生徒数を確保するためには、まだまだ知名度が不足していたのです。

SNSで映える寿司デモンストレーション

低迷期が続いていたスシ・シェフ・インスティチュートに光をもたらした救世主、それは意外にもSNSでした。2016年頃、スタッフのアドバイスで始めたSNSの活用が、学校の運命を一変させる大きなきっかけとなったのです。フェイスブックやインスタグラムを活用し、寿司のデモンストレーションを世界中に発信して、広報の予算をかけずに一気に多くの人々に学校の存在を知ってもらえるようになりました。スタッフが毎日時間をかけて写真を加工し、情報を発信してくれたおかげで、学校の知名度は格段に向上しました。スタッフたちの努力には、今でも感謝の気持ちが絶えません。ことにユーチューブでの動画配信が人気となったことで、スシ・シェフ・インスティチュートへの取材依頼が次々と舞い込んだのです。それはまさに青天の霹靂《へきれき》でした。雑誌、新聞、テレビ、ラジオ、それもロサンゼルスだけでなく、カリフォルニア州内はもちろんニューヨーク、さらには日本からも取材のオファーが続きました。

これをきっかけとして「鮮魚・本はまち」という商品のテレビCMに出演する機会もいただきました。このCMは、学校で私の授業風景を撮影して編集したもの。私が本はまちを卸し刺身にしたものを、生徒が食べて感激するという内容で、ロサンゼルスの日系テレビ局で2年にわたって放映されました。この広告効果は絶大で、日系社会における学校の信頼を飛躍的に高めてくれました。余談ですが、この時のCMの報酬はたった200ドル。出演した生徒たちと打上げをすることもできない金額だったという笑い話があります。しかし、テレビCMを打てば何10万ドルにもなったことを思えば、ラッキーな広報ができたと大変感謝しています。

そして、セレブの生活をドラマにしたネットフリックスの人気番組「ブリング・エンパイア（きらめく帝国）」の出演依頼が届いたのもその頃です。こうして私たちの寿司学校は、ロサンゼルスの日系コミュニティだけでなく、全米、さらには有名映画スターやセレブリティにまで認知されるようになりました。出張パーティーや個人レッスンの依頼も殺到し、私たちの存在は一躍話題となりました。

また、私たちの学校は、エンターテインメント業界にだけではなく、全米のシェフたちにも知られることになりました。アメリカ国内のトップクラスの料理学校からも、寿司のデモンストレーションや授業の依頼が増えました。ロサンゼルス・トレード・テクニカル・カレッジ、ロサンゼルス・ミッション・カレッジ、パサデナのインスティチュート・オブ・カリナリー・エデュケーション（ICE）、さらには世界一の料理大学と称されるザ・カリナリー・インスティテュート・オブ・アメリカ（CIA）でも教える機会をいただき、寿司文化を広める役割を果たしました。それと同時に、他校の講師や多くのシェフたちと強いつながりを作ることができたのも、私たちにとって大きな財産となりました。

このように、メディアが関心を寄せるようになって、私や学校が広く知られるようになったことは、私たちにとって大きな転機でした。スシ・シェフ・インスティチュートが「ブランド」として確立された手応えを感じました。情報は世界に向けて発信され、海外からも多くの生徒が入校するようになったのです。それは単なるビジネスの成功ではなく、寿司の魅力を世界中に伝えるための新しい道を切り開いた瞬間でもありました。

2000万アクセスを生んだマグロ解体ショーとメガ・ロール

SNSの力が日本企業とのつながりも強化し、さらなるビジネスチャンスをもたらしたことも、まさに私たちにとっての財産となりました。ある日本の食品会社から、「シェフコートにロゴをつけた広報をしてみては?」という案が持ち込まれ、私はすぐにSNSを通じてこのコラボレーションを募りました。すると、白鶴酒造さんやミツカンさんといった日本の大手食品会社数社から賛同を得ることができました。

その成果発表を兼ねて、100人以上のメディア関係者やインフルエンサーを招待してのメディア向けナイト・イベントを開催し、会場は活気に包まれまし

メガ・ロール作りのデモンストレーション。

た。イベントの目玉となったのはマグロの解体ショーとメガ・ロール作り。

特注の5メートルもある海苔と、10キロの寿司飯を使用した巨大な巻き寿司作りの様子に参加者の目が輝き、会場全体が盛り上がりました。完成したメガ・ロールは、切り分けて参加者一人ひとりに振る舞いました。

そして、もう一つのハイライトが100ポンド（約50キロ）のマグロの解体ショー。マグロの解体はとても大掛かりです。マグロは頭近くの背に硬いうろこがあり、普通の包丁では切りつけができず、そのため特別に大きな刀のような包丁を使います。特製の大包丁を使って、マグロをダイナミックに切り裂く様子に、観客は釘付けとなりました。映画に出てくる侍が刀でマグロと戦うようなイメージとなるのでしょう。私も特別大きな動きでマグロを捌き、ワクワクして食べてみたくなるような、寿司の良いイメージを観衆に持ってもらえるよう演出しました。観衆の目は驚きと興奮でギラギラし、大きな歓声が上がりました。解体ショーの途中には、できるだけマグロの産地や各部分の色や味の違いについて紹介し、寿司の奥深さを知ってもらうよう努めました。そうすることで、実際に寿司バーに行った時に、より寿司を楽しんでもらえるのです。

ショーの後に提供された握り寿司や刺身は、瞬く間に完売し、その反響の大きさに私も驚きました。私にとっても、この解体ショーは大きな達成感と喜びをもたらしました。何より、観客が楽しみ、驚き、寿司を通じて笑顔になってくれる瞬間を見ることは、私にとって格別な喜びなのです。

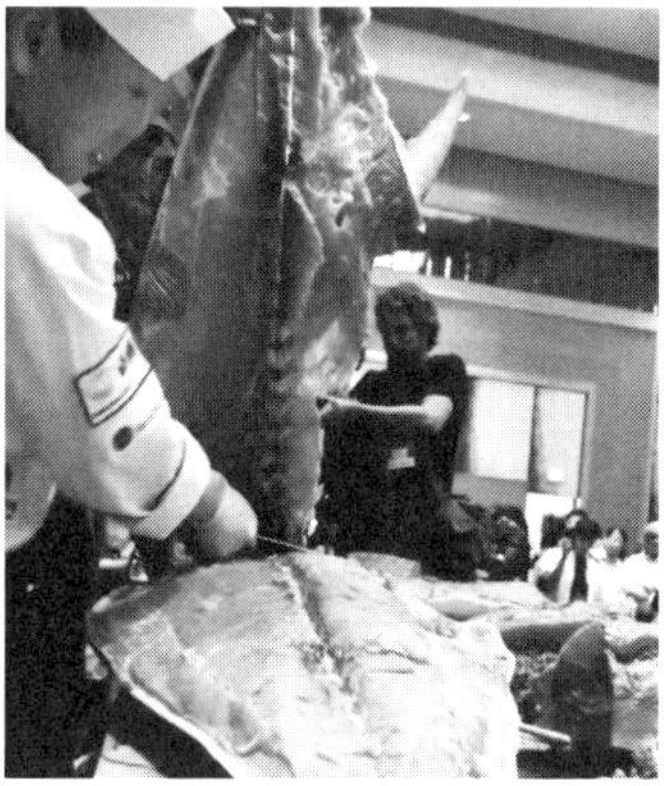

マグロの解体をする著者。ハンマーも使ったり、なかなかの力作業。

インスタグラムのアイコンにもなっている写真。SNSで積極的に情報発信することが、生徒たちのメリットにもなった。

また、このイベントの招待者はメディア関係者やSNSで大きな影響力を持つインフルエンサーたちばかり。彼らがイベントの様子を写真や動画で投稿し、それに学校のリンクを貼ってくれたことで、予想以上の反響が生まれました。

イベント終了後、当校のウェブサイトへのアクセス数はなんと2000万。日本の芸能人でも5万アクセスあれば大ヒットと言われるそうで、その40倍です。本当にとんでもない数となりました。

このイベントを通じて私たちはさらに多くのインフルエンサーの方々とつながり、また、定期的に授業の内容や日本食品会社とのコラボレーションをSNSで発信するようになりました。その結果、学校の認知度は安定して高まり、寿司という日本食文化を世界中に広めることにも大きく貢献できるようになったのです。従来のメディアでは考えられなかったスピードで、SNSは世界中に私たちの存在を伝えてくれました。日本食の魅力が国境を越えて多くの人に伝えられ、瞬く間に世界中で広まるという、まさにデジタル時代の奇跡を体験したのです。このSNSのおかげで、スシ・シェフ・インスティチュートも飛躍的な成長を遂げることができたのです。

現在、当校のインスタグラムのフォロワー数は8・7万人に達しています。この数字は、私たちが発信しているコンテンツが多くの方々に支持され、魅力を感じていただけていることを物語っています。特に私立の料理学校として世界中からこれほど多くの関心を集めていることは、大きな誇りであり、感謝の気持ちでいっぱいです。料理の写真や動画を通じて、日本食の魅力を世界に届けていることに、私たちの努力が報われていると感じます。

スカラシップ・サポート・プロジェクト（奨学生制度）の誕生

SNSのおかげで当校は飛躍を遂げ、さらに大きな成果として、私たちは「スカラシップ・サポート・プロジェクト」を立ち上げることができました。この取り組みは、直接生徒たちの支援にもつながるという点で、私たちにとって非常に意義深いプロジェクトです。この素晴らしいプロジェクトの発端もSNSでした。私たちの学校が発信する情報が多くの日本食品会社の目に留まり、彼らから協力を得られたのです。

日本の食品会社にとって、この広いアメリカでの広報活動は時間と費用がかかります。そんな中、世界中から日本食を学びに集まる場である私たちの学校は、彼らにとって非常に貴重なパートナーとなっており、そして、ある大手食品会社から「生徒たちの学費を支援しながら広報に協力する」という提案が持ち込まれ、このスカラシップ・サポート・プロジェクトが始動しました。このプロジェクトは、生徒の授業料の半分を食品会社がサポートするというもので、両者にとって大きなメリットをもたらすものとなりました。

サポートを受けた生徒たちは、授業の中でその食品会社の食材を使用し、SNSを通じて広報活動を行います。また、彼らは食品会社のロゴが入ったシェフコートを着用して授業に臨みます。このシェフコートは、デモンストレーションやケータリングなどの場でも着用され、その姿が当校のＳＮＳでもシェアされるため、食品会社の広報活動に貢献します。

さらに、生徒たちは食品会社の担当者と直接交流する機会もあり、新しい食材や日本の伝統的な調味料に対する興味を深めながら、実践的な知識を身に付けることもできるのです。こうした交流は、生徒たちにも食品会社にも貴重な機会です。意見交換を通じて関係も育まれます。将来、生徒たちがお店を構えた時にも、食品会社の商品を使うことで、食品会社にも大きなメリットが生まれるでしょう。このプロジェクトを通じて、日本の食品会社との絆が一層強まり、さらには日本食文化の未来を支える一助となることを確信しています。今では日本以外の食品会社からも、このスカラシップ・サポート・プロジェクトへの参加があります。

スポンサーとなっている食品会社のロゴをつけたシェフコート。

また、食品会社以外にも、リトル・トーキョーで長く寿司バーを営んでおられた方が引退されたあと、寿司シェフの育成に協力したいという思いから、スカラシップの申し出をいただいたこともありました。お店を売却した資金をスカラシップとして提供してくださったのです。個人の方からのこうした支援には、心から頭が下がる思いです。多くの方々の協力によって、寿司シェフの育成が実現していることを、嬉しく思います。

スカラシップ・サポート・プロジェクトは、経済的に困難な状況にある生徒たちを支援し、彼らが夢を実現するための強力なサポートとなっています。これからも、このような取り組みを通じて、日本食文化の伝承と発展に貢献していきたいと考えています。

第3章

スシ・シェフ・インスティチュートが提供する学び

短期集中で寿司の基礎をみっちり学ぶ！

2か月という短期集中の寿司学校

スシ・シェフ・インスティチュートは、私が考えた4つの教育方針に基づいて運営しています。

1つ目は、生徒を中心に据えた短期集中型の少人数クラス。

2つ目は、日本の食文化を重んじたホスピタリティの指導。

3つ目は、寿司シェフとしてのリーダーを育成すること。

4つ目は、チームワークを尊重した指導。

大きな特徴は「2か月間（8週間）」の短期集中プログラムです。この2か月という期間は、生徒のことを思ってひらめいたアイデアです。というのは、寿司を学びたい人の中には、経済的に長期の学校生活を送ることが難しい人もいるからです。彼らが参加しやすく、かつ寿司の基本を効率的に習得できる期間として、2か月を設定しました。当校にはカリフォルニアや他の州、さらには海外からも多様な生徒が集まります。特に、海外からの生徒にとってはビザ無し※で90日の滞在中に履修が可能なため、日本はもちろん、カナダ、ドイツ、オランダ、メキシコなどからも入学がしやすいのです。

この「2か月で寿司シェフを育てる」という発想は、従来の日本的な固定観念からは生まれない発想でしょう。実際、第2章でも述べたとおり、このアイデアを日本の友人に話した際には多くの懸念の声がありました。しかし、10名という「少人数制」で、私が責任を持ってしっかり指導することで、生徒たちは確かな技術を短期間であっても身に付けている実績があります。

働きながら寿司を学ぶことは可能なのか？　学校と現場は違う

「学校ではなく、お店で働きながら学ぶことはできないんでしょうか？」

※　ESTA／電子渡航認証システムの利用。

よくいただく質問です。もちろん、そういう学び方もあります。しかし、現実的には、忙しいシェフが素人に一から丁寧に教える時間を取るのは難しく、多くの場合、「見て覚えろ」、そして「雑用の手を止めるな」です。それは日本もアメリカも同じです。従って、一人前になるまでに時間がかかるのは当然です。それに、多くの先輩シェフたちも自己流であることも多く、学ぶと言っても、どのやり方が正解で、どれが間違っているかも分からず迷うこともあるでしょう。

私自身も、日本での修行時代はとにかく先輩たちの仕事を見て覚えました。そしていつか彼ら以上の腕になろうと熱意を燃やしていました。そして、それなりの技術を身に付け知識を蓄えてきましたが、5年以上はかかったでしょうか。

以前、カンザス州から来たある生徒も同じことを言っていました。彼は2週間のより短いクラスを受けたのち、さらに深く学ぶために2か月のプログラムで再入学しようとしていましたが、直前に有名レストランから雇用のオファーがあったため入学を辞退する、との連絡がありました。

「有名レストランですし、働きながら技術を学びます」

そう彼は言いましたが、その時彼は、仕事と学校の違いが理解できていませんでした。厨房はまさに戦場です。オーダーを次々にこなすために、シェフたちは1分1秒を争い、鬼神のごとく働いています。最優先はお客様に素早く料理を提供すること。そのため、未熟な新人に基礎から手取り足取り教える時間など、ほとんどありません。特に、人気シェフや有名シェフがいるお店ではなおさらではないでしょうか。例えば、魚にしても、レストランでお客様にお出しする高価な魚を素人の練習用にはできません。学校では毎日捌く練習ができますが、レストランで魚に触れるのは、1〜2年も待たねばならないこともざらでしょう。

もしある程度の基本的な技術が身に付いていれば、シェフたちに混ざって現場もなんとかこなせるでしょうが、そうでない新人に与えられるのは、機械的で単純な作業ばかりというのが現実なのです。スキルアップどころか、そのうち仕事そのものが楽しくなくなり、苦痛に感じてしまうかもしれません。私は彼に、

「今は自分を磨く時期であり、技術をしっかり身に付ければ、チャンスはいくらでも訪れる」

と、熱心に説明をしました。彼はそのことを理解してくれ、2か月のクラスを

通じて見事に成長してくれました。卒業後、私は彼をニューヨークのある有名な日本人シェフの店に紹介しました。彼は技術的に申し分ないと評価され、見事に採用されました。そして数か月後には、そのニューヨークの店でお客様に腕を振るい、活躍しています。

前述のとおり、現在のアメリカでは、毎週のようにどこかの都市で寿司バーが開店しています。この傾向は一時的なものではなく、さらにそれは世界でも加速しています。世界で寿司シェフが慢性的に不足しているのです。寿司職人の世界は「シャリ炊き3年、仕込み5年、握り一生」と言われるように、一人前になるのに最低10年かかるとも言われる業界ですが、もし一人前に仕事を任せられるシェフになるのに5年も10年もかかっていたのでは、需要と供給のバランスがまったくとれません。もし今の寿司シェフ志望者たちが皆、私と同じ道を選んでいたらアメリカだけでなく、世界の寿司バーは成り立たなくなってしまうでしょう。

これまで「修行」と称して遠回りをさせられていた無駄な時間を省き、必要な技術と知識を効率的に学べれば、十分に寿司シェフとして活躍できるのです。その意味で、私が始めた寿司シェフの短期養成プログラムは、まさに時代のニーズに応えたものと言えるでしょう。

寿司シェフに必要な5つの基本技術

ここから、スシ・シェフ・インスティチュートのカリキュラムについてご紹介していきます。クラスは約10名の少人数制を採用しています。10名という人数は、私が一人ひとりの手の動きをしっかり見て、指導できる範囲だからです。少人数だからこそ、一人ひとりの生徒に丁寧に向き合い、責任を持って教えることができます。2か月間、朝8時から午後1時までの5時間を寿司に集中する時間として確保してもらいます。これにより、基礎をしっかりと指導することができます。

具体的には次のとおりです。

1　寿司飯作り
2　包丁の知識と管理

3　魚の知識と捌き方
4　握りの実践
5　巻きの実践

この5つの重要な知識とスキルを習得することを最優先にしています。それに集中して学び、繰り返し実践を重ねます。2か月間、互いに励まし合いながら努力し、寿司を作れる喜びを感じ、確かな自信が持てるまで取り組んでいきます。生徒たちは、授業中にメモを取ったり、写真や動画を撮ったりして、授業後も自主的に復習しています。多くの生徒からは「すべてが新鮮で、毎日が楽しい」という声が聞かれます。この短期間で集中して学ぶクラスは、充実した2か月になると確信しています。

リアルな学校だからこそ「感覚」を学べる

料理の技術には、本や動画を見ただけでは身に付けられない深い部分がありま

クラスの様子。

す。日本人なら誰でもが知っていることですが、日本食の奥深さと醍醐味《だいごみ》を表現するためには、隠れた技術が必要であり、その核心に迫るコツをつかまないと習得できないからです。

例えば、寿司の寿司飯の炊き方。お米を炊くと聞いて、多くの人が思い浮かべるのは、お米を研いで水を入れ、炊飯器のスイッチを押す簡単な作業です。そしてピーッと鳴ったら炊き上がり。なぜこんな簡単なことが、日本の寿司職人は習得に3年もかかると言われるのか、外国の方にとっては不思議でならないでしょう。握りにしてもそうです。丸く握ったご飯の上に刺身のスライスを置いたら握り寿司だと、多くの人が思っているでしょう。寿司作りはほとんどが手作業で特別な道具を使うわけではありません。そのため簡単なものだと思われるのかもしれません。

しかし、動画で覚えた寿司と、プロの寿司職人が作る寿司を食べ比べてみれば、その違いは歴然としています。同じ米、同じ魚を使っていてもです。全く比べものにならない味わいの差があることは、おそらく日本人や、料理に関わる方には想像に容易《たやす》いでしょう。

動画では学べない重要な部分、それが「感覚」です。そして、それは「仕込み」に顕著に現れます。寿司作りには多くの工程があります。食材の選定に始まって、その食材の保管、調理、提供されお客様の口に入るまで、たくさんの繊細な作業があります。この隠れた部分こそが、寿司作りにおいて最も重要な部分です。しかし、こうした工程は動画では体系的に学ぶことができません。

料理では、どのように仕込みを行って、そしていつ、どのように提供するかが非常に重要です。料理の本質はその多くが見えないところにあり、プロフェッショナルのシェフであるかぎり、見えない部分であっても、その知識をできるだけ多く持つことが大切になるのです。そうした知識と技術を身に付けたシェフが一流のシェフであり、だからこそ、その基盤として、基本の習得がとても重要なのです。特に寿司においては、これらの5つの基本の知識と技術を習得することが不可欠です。この強固なベースがあるからこそ、絶えず食を学び続ける姿勢を持った寿司シェフを育成することができます。

　ではここから、この５つの基本について簡単にご紹介していきましょう。

寿司の基本❶　寿司飯作り

　寿司に欠かせないのが寿司飯、つまりシャリです。シャリは寿司の半分以上を占める重要な要素です。どれほど新鮮で良質な魚を使っても、シャリが美味しくなければ、美味しい寿司にはなりませんし、お客様に感動を届けることはできません。だからこそ本当に神経を使い、授業でも時間をかけて丁寧に指導しています。

　当校では、カリフォルニアで生産されているジャポニカ種の米を使用しています。これは、卒業後も生徒たちがアメリカ国内で手に入れやすい、身近な米だからです。カリフォルニア米には実に１５０年の歴史があります。福島県から移住された郷田ファミリーによって、カリフォルニアのサクラメントで日本米の栽培が始まったと聞いています。サクラメントは広大な土地があり、またシエラ山脈から流れる豊富な水が稲作に適していたそうです。しかし、中粒の日本米を栽培できるまでには7年もの歳月を要したと聞きます。広大な土地を水田に整えることも、決して容易ではなかったでしょう。それでも、日本と同じような気候であることから、時間をかけて稲作が根付きました。

カリフォルニア米と日本米の違いは、やはり炊いたあとのパサつきがあることでしょうか。カリフォルニア米は日本米に比べて乾燥しやすく、冷めると味が落ちやすいという特徴があります。しかし、年々改良が進んでいて、日本米にかなり近づいてきていることも事実です。かつてはカリフォルニア米に比べて日本米の価格は2倍以上していましたが、現在では為替の影響もあり、両者の価格差はほとんどなくなっています。そのため、最近では日本米を使う寿司バーも増えているようです。

さて、カリフォルニア米にも日本の米と同様に新米と古米があります。寿司シェフにとってその知識は非常に重要です。しかし、アメリカで働く多くの寿司シェフは、この新米と古米に関する知識が不足しているように感じます。寿司米は「古米のほうが良い」とよく言われますが、米袋にある生産時期の表示や、新米のステッカーの意味を正しく理解していない場合が多いようです。また、寿司に合うお米の炊き方や仕込みの知識も十分でないことが多く、それが原因で常に質の安定した寿司飯を作ることができていません。

それでは、カリフォルニア米を使って寿司に適した米を炊く際のポイントをいくつかご紹介しましょう。

まず、基本中の基本として「計量を正確に行うこと」。お米を正しく量ることは、炊き上がりに大きな影響を与えます。例えば、10カップのお米を炊く際、計量カップで10カップ分を量りますが、ここで注意しなければならないのは、日本とアメリカでのカップという単位の違いです。日本の1カップは1合を基準にしていて、180cc（6オンス）ですが、アメリカでは1カップが240cc（8オンス）です。このまるで引っかけ問題のような単位の違いが多く、計量に影響するため、正確さが求められる場面ではグラムで量ることをお勧めします。

次に、米の洗い方についてお話ししましょう。まずは、少量の水を加え、お米を軽く揉むようにして1～2分洗います。この時、白く濁った水を早めに流します。米を洗う目的は、主に米ぬかの匂いを取り除くことです。ぬかの水を米が吸う前に水を流すのです。4～5回水を変えて洗い終わったら、ざるに揚げて30分ほど放置します。これは水を切るだけでなく、米全体に水気が行き渡るようにすることが目的です。

さて、次は炊飯ですが、ここでガス釜と電気釜の違いが出てきます。実はガス釜と電気釜では水加減が異なるのです。この違いは経験から学んだことで、電気釜では少し多めの水を使うようにしています。もちろん、使う道具や機器にも影響され、まさに「感覚」の部分と言えるでしょう。そして、およそ45分で炊き上がります。炊き上がりに合わせて合わせ酢を作り、米と混ぜて冷まします。その際、米の一粒一粒に合わせ酢を纏《まと》わせるように気をつけます。ごろごろとした米の塊がないように見極めながら手早くシャリを切るように混ぜていきます。

寿司飯作りの工程は、一見シンプルに見えますが、一つひとつの基本的な作業にしっかりと気を配り、一回一回の寿司飯が同じ味と口当たりになることが大切です。また、提供するタイミングに合わせた温度管理も重要です。寿司バーでは、寿司飯が体温に近い状態が理想とされています。しかし、持ち帰りの寿司には、適度に冷ました寿司飯でなければなりません。

さらに日本には四季があり、世界でも土地それぞれの気候があります。山岳地帯と海辺では沸点の温度にも差が生じます。また、天候もさまざまです。こうした季節や気候、天候、気温や湿度に応じて細かな調整をして、環境の違いに左右されることなくいつでも均一な寿司飯を作るのがプロの仕事です。経験を積まなければ、常に均一で安定した寿司飯は作れませんし、基本を学んでこそ、それが簡単ではないと実感できるでしょう。

さらに、条例や保健所の規則についての知識も必要です。アメリカにおける寿司提供には大きく分けて2つのルールがあります。1つはpH（酸性度）の管理。寿司飯のpHは4・6以下の酸性に保たれる必要があります。この範囲内に酸性を保つことで、病原菌の繁殖を防ぎ、安全な食品として提供することが可能になります。そしてもう1つは4時間以内に使い切ることです。こうした専門的な条例を理解した上で作業を行う必要があります。ここまで来ると、簡単な作業や知識だけでは足りないことがよく分かると思います。このような知識は、プロの寿司シェフが必要とする基礎的な知識であり、食材の扱いや衛生管理を徹底するために、教育機関で学ぶことが大切だと思います。pHの測定方法も学校ではデモンストレーションを行って体験してもらいます。このすべてを、私の学校で学ぶことができます。

寿司の基本❷

包丁の知識と管理

新しいクラスが始まると、生徒たちは皆、真新しい切れ味の良さそうな包丁に感激します。授業では、魚を捌く出刃包丁や刺身を引く柳包丁といった和包丁、さらには多目的な牛刀と細かな作業用のペティナイフの4本を主に使用しています。日本の寿司職人の中には、10種類以上の包丁を使いこなす方もいるでしょう。また、ペティナイフを使用せず飾り作りなどにも和包丁を使うことが一般的です

料理の盛りつけを引き立たせるための飾り切りの基本をクラスで指導する著者。

が、基本の習得に集中する当校の授業では、4本に絞り、また、細かい作業に向いていて、生徒たちにも馴染みがあるペティナイフも取り入れています。

それぞれの包丁は、研ぎ方が異なります。牛刀やペティナイフは洋包丁で、左右対称の両刃であり、両面を研ぎます。これに対して出刃包丁や柳包丁は和包丁。片刃で右利き用と左利き用に分かれていて、片面を研ぎます。また、授業で使用する洋包丁はステンレス製で、錆《さ》びにくく手入れが容易ですが、切れ味は鋼に比べて劣ります。一方、和包丁は鋼製で切れ味が優れていますが、錆びやすく手入れが必要です。しかし、手入れするほどに切れ味がよくなり、10年、20年と長く使うことができます。

和包丁は毎日砥石で研ぎ、手入れをして切れ味を保ちます。砥石にも荒砥石、中砥石、仕上げ砥石という3種類があり、水だけで研ぎます。そして、包丁の手入れをするタイミングは、料理をする前ではなく、仕事を終えたあとに行うのが望ましいというのも大切なポイントです。というのは、研いだばかりでは金属の匂いが刃に残っており、直前だとそれが魚や野菜に移るためです。そういった本当に細やかな配慮が料理人には必要です。包丁を研いだあとはしっかりと水気を拭き、乾燥させて、錆びが出ないようにすることが大事です。長期保存する時以外、包丁に錆止めの油は使用しません。

ステンレス製の包丁は錆びないので、利用しやすいのは事実です。しかし、寿司を含め、和食は素材の味を引き立てる料理であり、食材の断面や舌触りなど、細部にまでこだわった繊細な作業が必要になります。それには包丁の切れ味がとても重要になるのです。

食材に合わせて、洋包丁も必要な場面があります。どちらがいいかということではなく、両方を使い分けることで作業を的確に早めてくれ、最も好ましい結果を生むことができます。

このような包丁に関する知識も理解して体得するにまでにはとても長い時間がかかるものですが、クラスでは毎週水曜日の包丁の手入れの検査とスキルチェックを行い、生徒たちに良きプレッシャーをかけながら、その重要性を実感できるようサポートしています。実際に手を動かし練習を重ねることで、習得を促しますが、個人的な自己練習も非常に重要です。この自己練習により差が出てくる部分でもあります。

さて、包丁を扱うのですから、授業中もどうしても手を切ることが多くあります。魚を卸したり野菜を切る際に、力が入り過ぎたり角度を間違えたり、特によく切れる和包丁では少しでも手を擦ると血が出ます。過去には、寿司シェフを夢見て張り切って入学した初日に派手に手を切ってしまい、真っ赤な自分の血を見て夢を諦めてしまった生徒もいました。これは極端な例ではありますが、しかし、授業では怪我は常に起こりうることです。そのためクラスの最初に、怪我や火傷の対処方法をデモンストレーションを交えて説明します。

調理現場では、切り傷だけでなく火傷や打ち身など、さまざまな事故が日常的に起こります。しかし、応急処置を施し、そのまま仕事を続けることが多いため、自分で怪我の処置ができることは非常に重要なのです。

またこれは、学校の経営者の立場からもきちんと説明する義務があることです。アメリカの労働安全衛生法や州の規制についても説明し、生徒たちが将来の職場で直面する可能性のあるリスクを理解してもらい、適切な対策を講じられるようにするための大切な知識となります。日本との違いもあるので、授業できちんと習得すべき知識です。

寿司の基本❸

魚の知識と捌き方

次に、魚についてお話ししましょう。魚を捌くことは、特に初心者にとっては緊張の連続で、大きな挑戦です。動いている貝を触って悲鳴をあげる生徒、生きたボタン海老をどうしても殺せず固まってしまう生徒など、クラスの初めには、本当にさまざまなことがあります。中には魚に触れたことがない生徒が来ることもあり、魚に気を取られて包丁の持ち方が適当になってしまうなど、見ている側がヒヤヒヤする場面もあります。

いざ捌き始めても、初心者は魚を右に左に向きを変え、何度もひっくり返し、身をボロボロにしてしまいます。魚の身は柔らかくて非常にデリケートで、優し

魚の捌き方の実習。カメラで撮影して復習をする生徒も。

く丁寧に扱う必要があるのです。また、種類にもよりますが、多くの魚はその4割近くが骨や皮や内臓です。荒い作業では貴重な身の部分を無駄にしてしまうことになります。そして、1匹捌くのに20〜30分もかかってしまえば、温かくなって、寿司には使えなくなってしまいます。骨を切らず、身を割らず残さずと、魚を捌くことは神経を使う作業な上、手早く行わねばなりません。これには相当な集中力が必要です。

それでも一歩一歩、手取り足取り教えていくうちに、生徒たちが少しずつ上達していく姿を見ることができます。教える側としても嬉しい瞬間です。最初は恐る恐る包丁を入れていた生徒たちも、やがて自信を持って捌けるようになっていく様子は、本当に感慨深いものがあります。何度も繰り返し練習し、失敗を重ねながらも、最終的には皆、魚を上手に捌けるようになる。そうした成長を目の当たりにするのが、この仕事の醍醐味だと感じています。

さて、2カ月のカリキュラムの中では実に30種類以上の魚介類を扱います。指導の際、私は魚を形で次の4つの種類に分けて教えています。

①ラウンドフィシュ／丸い魚……サバやハマチのような流線形の魚
②セミラウンドフィシュ／やや丸い魚……タイやスナッパー（フエダイ科の熱帯の魚）のような頭の大きな魚
③フラットフィシュ／平らな魚……ヒラメやカレイなど
④それ以外の魚……アナゴやウナギなど

魚の形が似ているというのは、骨格に共通があるからです。同じような骨の構造を持つ魚を捌く際には、同じような包丁回しがなされます。まず魚を見てそのタイプを把握し、適切な包丁の入れ方で捌いていきます。

もちろん、同じ種類の魚でも大きさが異なると、常に同じというわけにもいきません。同じラウンドフィシュのタイプでも、大きいものでは400キロを超えるマグロもあれば、江戸前鮨に欠かせないコハダの幼魚、シンコはたったの5〜6センチしかありません。また、形や大きさ以外にも、身の硬い魚、柔らかい魚、脂のノリの違いなど、それぞれ異なるため、包丁回しも微妙に調整が必要です。多様な魚に触れ、さまざまな経験を積むことで、徐々に魚を捌く自信がつき、技術を応用していけるようになるのです。

そして、魚を寿司にするには捌くだけでは終わりません。寿司シェフにとって最も難しい技術の一つが「ネタ切り」です。ネタ切りとは、魚を握り用にスライスする切りつけのことです。ただ単にスライスにすればいいというわけではありません。一般的に3センチ×10センチほどの大きさ、13〜15グラムの重さになるように切りつけます。ネタが大きすぎれば食べにくいだけではなく、見た目にも美しくない。大変神経を使う作業です。飾り切りのトレンドなどもあり、その時、その魚、そして目の前のお客様に合ったネタ切りをします。

魚の捌きもネタ切りも、極めるには、一朝一夕でなし得られるものではありません。しかし、当校での学びと経験、知識を持って第一段階のレベルに到達することができれば、それを礎として、その後は研究心を持ち、実際の仕事を通じて技術を磨いていくことができると思います。

さて、魚の仕入れについてですが、日本は魚介類の種類が非常に多く、さらに季節によって取れるものも変わり、市場に並ぶ魚介の豊さは、世界一と言っても過言ではないかもしれません。そんな日本に比べると、ロサンゼルスの魚市場は魚の種類がそこまで多くありません。サーモンやマグロはアメリカの食卓でも食べられていますが、肉とは比較にならない高価な食材ですし、冷凍物も多いところが残念です。ただ、冷凍の魚介の扱い方も実際にお店で働くとなると必要になる場合もありますから、授業でも利用して経験してもらいます。また、日本から輸入された魚も体験してもらうこともあります。価格は日本の3~5倍になりますが、高価な魚を捌くことも大切な経験ですので、取り入れています。

また、できればロサンゼルスのローカルの魚も仕入れから見てもらい、経験を積んでもらいたいと考えています。そのため、クラスの皆でサンディエゴまで車で2時間かけて、漁師の朝市場に出かけます。アジやイワシ、キハダマグロやビンチョウマグロは日本の市場で見られるものと同じだと思います。ヒラメや生ウニは種類が若干異なりますが、日本でお馴染みのものと大きくは違いません。日本では見られない魚も多く並びます。カリフォルニア・シープヘッドやコッドフィッシュというアメリカではお馴染みの白身魚も扱います。漁師の市場なので、鮮度は最高。寿司にすると本当に美味しいのです。鮮度の違いが味に与える影響を体験することも、魚市場で学ぶ重要なポイントです。

アメリカの東海岸の魚だけでなく西海岸、そしてヨーロッパからの魚、そして天然魚と養殖魚など、当校のネットワークを使ってさまざまな魚を授業で活用しています。

寿司の基本❹　握りの実践

「握り」は江戸前鮨が生んだ寿司の革命で、今は日本どこでも寿司と言えば握り寿司というくらい、寿司の代名詞となっています。寿司において重要なこの「握り」の技術について、授業では「８ステップ」で指導しています。

黙々と握りを練習する生徒。

握りの授業の初日は、まず米に触れる前に晒《さらし》を使って目指すべきシャリのサイズの型を作ります。次に、ステップ1から8までの握りの動きをゆっくりとデモンストレーションします。その後、生徒たちと一緒にその工程を実際に練習します。握る際はあまり力を入れないことが大切です。硬く握りすぎると、食感が悪くなります。力が入り過ぎている生徒には、

「食べた人の笑顔を思い浮かべて」

と、声をかけ、優しい気持ちで握ることを思い出してもらいます。

この握りのステップを繰り返し、繰り返し、何度も何度も練習します。反復練習を通じて、動きが自分のものになるように、授業外でも朝晩に個人練習をしてもらいます。1週目では8ステップの動きを覚え、2週目には「美しい握り」になるように。3週目には「セクシーな握り」になるように。小さな目標から少し

ずつ前に進んでもらい、４週目には握りの所作の美しさも意識して、「感動を与える握り」になるように、と指導していきます。握りの様子からもお客様は技に込められた心を感じ取るものです。そこまでいけば自信にもつながります。

プロの寿司シェフになると、６ステップや４ステップといった握り方をする方もいます。カウンターでお客様に握る姿をお見せしたり、急ぐ必要がなければ12ステップや15ステップで握る寿司シェフもいるでしょう。さまざまな握りのスタイルがあります。握りも自分のオリジナルのスタイルとして確立し、身に付けるまでには数年かかる技と言えますが、授業で合格のレベルまで行けば、そこから腕を磨いてゆくのは自分次第です。

また、寿司バーではお客様が目の前にいらっしゃいますし、食材を手で触ります。衛生管理は何よりも重要です。衛生に関しては些細なことでも、気にされる方も多いので、一挙手一投足に責任を持ち、食材や道具、自分の仕事場をいつもきれいにして整理整頓していること、そして何より、手を頻繁に洗って清潔に保ち、衛生管理が行き届いていることも授業では何度も繰り返し教えています。

現在、アメリカでは、寿司シェフがグローブを着用することが条例で求められています。これは寿司だけではなく、手で生の食材に触れるサンドイッチ店やバーテンダーなどにも関わる条例です。しかし、アメリカ国内でもこのことには賛否があり、議論が絶えません。グローブを着用することで、安心して食べられるという意見もあれば、グローブをしていると繊細な手の感覚が分かりにくくなり、寿司の技術や味に影響を与えるという反論もあります。また、グローブを着用することで逆に手の感覚が鈍り、清潔を保つことが難しくなるのではないかという懸念もあります。さらには作る側、食べる側、双方にとってのラテックスアレルギーの問題、ゴミの増加という環境問題も指摘されています。

私は署名活動を行ったり、州の保健局と何度も議論を行って、このグローブ着用義務化の条例と6か月戦い勝利を得ました。現在カリフォルニア州ではグローブなしでも良いことになっています。

しかし、最終的には店の方針や国、州、郡、市など地域ごとの保健規則に基づいて決められますし、このような保健規則は時間とともに変わることもあるため、常に最新の情報を把握することが重要です。スシ・シェフ・インスティチュートには各州の保健所や食品安全基準の情報が随時提供されるため、生徒たちはその知識を学び、実践に活かすことができます。

寿司の基本❺　巻きの実践

最後に巻物の技術を学びます。授業ではカッパ巻きを基本として教えます。これは、寿司飯を海苔の上半分に均等に広げるための基本の形だからです。授業では6ステップ、2本単位で巻物を作る指導をしており、それを習得すればわずか2分で2本のカッパ巻きを巻けるようになります。さらに、2分で3本巻けるようになる生徒もいます。そして、続いて「裏巻き」を学びます。裏巻きは寿司飯が外側になる巻き方です。難しそうに見えますが、基本のカッパ巻きが習得できたら意外と簡単に感じると思います。

そしてこの裏巻きをマスターすれば、アメリカで人気の

巻きの技術を学ぶ生徒。

創作巻物も思った以上に簡単に作れるようになります。巻きの基本は同じなので、あとはシェフの応用力が試されます。さまざまな具材やトッピングを使って、オリジナルの巻物を考えることもします。基本をしっかり身に付けることで、クリエイティブな料理ができるようになり、一人前のシェフとして活躍していけるようになります。一日一日の努力が成功への一歩です。

和食の基本　出汁

ここまで、当校で学ぶ5つの基本を紹介してきましたが、他にも和食の基本的な調理技術を折々に学びます。

まずはなんと言っても和食の基本「出汁」。出汁は鰹節と昆布の「旨味」を水に移し出したもの。出汁が和食の根幹と言っても過言ではないでしょう。出汁は吸い物や味噌汁だけでなく、煮物から天ぷらのつけ汁、そばやうどんのつゆとしても不可欠です。授業でも非常に力を入れて教えており、本節を手で削って作る出汁や、昆布を使った完璧な出汁の作り方を学んでもらいます。そして、インスタントの出汁と飲み比べてもらうと、生徒たちは皆、驚きのため息をつきます。

やはり、本物の出汁とインスタントの出汁には明確な違いがあります。インスタントの出汁を利用するのであれば、家庭でもできること。しかし、わざわざレストランまで来ていただく価値のある味とはなんでしょうか。店では本物の日本の味を提供することが、私はとても重要だと思います。どちらを利用するかは生徒たちに任せますが、本物の味を知っておくことは、今後の料理の幅を広げるためにも大切です。日本の食文化を深く理解してもらうために、本物の出汁を体験してもらうのです。

他にも、寿司バーで必要な卵焼きや、先付けとしての酢の物やおひたしなどの小鉢料理も作ります。さらに、和食におけるさまざまな調理技術を学びながら、ナスや豆腐の田楽、鯖の味噌煮、茶碗蒸し、天ぷらなども調理します。さらには鍋物、丼もの、とんかつ、唐揚げ、焼鳥、うどんやラーメン。日本の洋食であるカレーも作ります。

また、学校にはスポンサーとして協力してくださっている多くの日本の食品会社がいらっしゃいます。こうした食品会社とのコラボレーションの授業も、生徒

食品会社とのコラボレーション授業。

たちにとって非常に貴重な学びの場となっています。例えば、白鶴酒造さんには日本酒と料理のペアリングについて紹介していただき、実際に日本酒の魅力を体験する機会を設けています。また、オタフクソースさんにはお好み焼き作りの体験授業を実施してもらいます。これにより、日本の食材や文化を各分野のプロフェッショナルから直接学ぶことができ、生徒たちはより深い理解を得ることができます。

さて、この2か月の学びのスタートにあたり、私はクラスの一番最初に生徒たちにお抹茶と和菓子のお点前《てまえ》を体験してもらっています。これは「一期一会」という日本の価値観を伝えたいからです。「一期」とは「人が生まれてから死ぬまでの間」を意味し、「一会」は「一度の出会い」を指します。茶道の心得として、この世の中での出会いは一生に一度きりのものであり、互いに誠意を尽くして臨むべきという意味を持ちます。この言葉が表す一度きりの出会いや機会を大切にする心は、お客様との出会いを大切にする心にも通じるものがあるでしょう。

私は、世界中から集まった生徒たちが当校で出会い、人生の中のたった2か月ではありますが共に時を過ごし、学びを分かち合えることは当たり前のことではないことを理解してもらい、また、毎回毎回の授業がかけがえのない学びの場であると実感してほしいという思いと、お互いへの感謝の気持ちを知ってほしくて、お点前でお茶を味わってもらうのです。

当校のこうした多角的な学びの経験を通じて、日本食への理解を深めるとともに、日本文化の奥深さに触れてもらい、生徒たちが和食をより豊かに感じてもらえることを願っています。

お茶を点てる著者。

料理以外のこと① チームワークとコミュニケーション

当校には、日々、寿司のデモンストレーションやケータリングの依頼が寄せられています。希望する生徒たちには、その手伝いに参加してもらいます。現場での体験というのは本当に多くの学びを提供するからです。

2か月という期間は本当に短いものです。そのため、生徒同士がサポートし合いながら多くのことを学んでもらえるよう心がけており、当校では、料理以外にも生徒間の交流も重視しています。クラス内での会話やチームワークは非常に大切です。実際のお店でも、スタッフ同士の声の掛け合いがあって、多くの注文を効率的にこなすことができます。

クラスの最後には、友人や知人を招待して模擬寿司バー体験を実施します。グループに分かれて学校のイベントスペースに仮設の寿司バーを準備するのです。チームワークも重要ですし、お客様との会話も欠かせません。模擬寿司バーを通じてコミュニケーションを学んでもらうのです。失敗があったとしても、その経験こそが人を育ててくれる大切な要素です。そして、将来、失敗から学んだことをしっかりと活かせるようになってほしいと願っています。

お店というのはチームです。チーム内のコミュニケーションが十分でなければ、作業が遅くなってお客様をお待たせしたり、お客様もいい雰囲気で食事ができません。寿司シェフたちが自信を持って楽しく寿司を握り、提供してくれるとお客様も気持ちよく食事を楽しむことができます。

私が寿司バーで働いていた時、お客様がお帰りの際、「ありがとうございました」というお礼のあとに、「来週また会いましょう」というひとことを付け加えていました。たった一言の小さなコミュニケーションですが、中には本当に毎週のように同じ時間帯に足を運んでくださる方もいました。常連のお客様が増えることは、楽しい時間を提供できている証拠であり、本当に嬉しく、自信にもつながります。こうした好循環が生まれることで、少しずつお客様が増え、店が賑わっていくのです。こういった私の体験を共有することも、生徒たちが寿司シェフとして成功するための貴重な学びとなれば、何より嬉しいです。

料理以外のこと②　お店の開店について

お店をオープンするには料理だけでなく、さまざまな知識が必要になります。授業の中では、お店の開店までの手順も説明します。とはいえ、2か月という短い期間のため、アメリカにおける寿司バーの開店と経営の基本にとどまります。その他にも例えば、安全なアルコールの提供、保健所の規制、怪我や地震など緊急時の対処法なども折々に説明しています。

会計や税金については、将来レストランを経営したい生徒や、外部からのレストラン経営者へのコンサルティングとして指導を行っています。

料理以外のこと③　生徒たちのメンタルケア

ここまで当校のカリキュラムについて説明してきましたが、もちろん誰もがまっすぐに成功への階段を登れるわけではありません。誰にでも失敗やつまずきはあるもので、時には、逃げ出したいくらいに辛いこともあるかもしれません。

授業が進むにつれて、料理初心者の生徒はもちろん、シェフ経験のある生徒でも、寿司という料理への挑戦の難しさに直面し、目標の壁の高さと自分の実力の差を痛感して、自信を喪失してしまうことがあります。「どうして自分はこれだけしかできないのか」と悩んだり、「他の人と比べて覚えが悪い」と自己嫌悪に陥ることもあります。そういった精神状態になると、クラスの仲間にも疎外感を覚え、授業から逃避する生徒も出てきます。

そんな時期にこそ、私やスタッフが生徒と向き合い、話し合いながら指導するのが当校の特長であり、大きなメリットです。このための少人数クラスなのです。

もし彼らが実際の寿司バーで修行している見習いだったら、こんな時に優しく声をかけてくれるシェフはいません。その壁を越えるまで丁寧に指導してくれる先輩もいないでしょう。現場が忙しければ、先輩たちにもそんな余裕はないからです。結果として、当人は壁にぶつかりストレスを抱えたまま、寿司シェフへの道を諦めたり、人生を挫折してしまうかもしれません。

私は生徒と直接会話し、あるいはメールでメッセージを送って心を通じ合わせ、なんとかして彼らの心のスイッチを入れるサポートをします。描いている夢をもう一度思い出してもらい、サポートするのです。オンに切り替わるかどうかは、彼ら次第です。もちろん成功ばかりではありません。しかし、指導する側が諦めてはいけません。最後の最後まで「ネバー・ギブアップ」の精神です。

生徒の中には、ストレスでやけ酒を浴び、二日酔いで登校して来た生徒もいました。それでも私は基本をみっちり繰り返させます。時には露骨に不満を態度に表す生徒もいますが、そんな時私はこう言います。

「私を憎んでいい。でも2年後にはきっと感謝の気持ちに変わる。その代わり、騙されたと思って今は辛抱してやってみろ」

なぜこんな言葉を自信を持って言えるかというと、それは実際に何人もの卒業生たちがそう言っているからです。

「スシ・シェフ・インスティチュートでの経験は、本当に価値のあるものだった」

この言葉が私自身の励みにもなり、自信にもなっているのです。彼らにかける

「ネバー・ギブアップ」という言葉は、私自身への励ましでもあるんです。

人は変わります。変われます。いつか自分自身に向き合い、心のスイッチをオンに入れることができる。その瞬間、人は変わるのです。迷いがなくなった心は霧が晴れたようにクリアになり、目の前のことに集中して技術も知識もスポンジが水を吸うように身に付けることができます。そして、壁を乗り越えた喜びは人生の中で忘れ得ぬ経験の1つとなることでしょう。なぜならそれは、自分が選択した人生を確かなものにした輝かしい瞬間だからです。

スイッチがオンになった生徒は、朝、クラスに現れた時の瞳の輝きを見れば分かります。言葉は不要で、アイコンタクトで「グッド！」と伝えるだけです。もうこの生徒は安心。苦難に向き合い、乗り越えた生徒は、最後まで自分のペースでしっかりと学んでいきます。基礎をしっかり学び、その神髄を身に付けた生徒は、見違えるようになります。自信というオーラを纏った彼らに、私も感動をもらってきました。そしてその感動を、ひとりでも多くの人たちに経験してほしいと願っています。「寿司作りは人作り」です。私も生徒たちと共に、そんな一日一日を重ねているのです。

ここまで紹介してきたように、私は「1人でも多くの良き寿司シェフを育てたい」という思いで、このようなカリキュラムやサポートで指導を行っています。なぜこんなに手厚く指導するのか？と思われるかもしれませんが、私には大きな野望があるのです。

世界には基本を身に付けた「リーダー寿司シェフ」が必要

私は、日々の授業で寿司の基本技術を教えると同時に、他の寿司シェフたちを指導できる「リーダー寿司シェフ」を育てることも目指しています。

なぜリーダー寿司シェフの育成が重要かというと、基本をしっかり身に付けた寿司シェフたちがリーダーとなり、他の寿司シェフをレベルアップさせることで、アメリカをはじめ世界中で提供される寿司のクオリティを向上させたいという強い思いがあるからです。地道で大変なことですが、これが私の大きな願いです。そのため、私は寿司の知識と技術だけでなく、私自身が現場や学校経営で培ってきた経験も惜しみなく伝えています。

リーダー寿司シェフはお店の中心的存在です。単に料理をするだけでなく、周りのシェフを指導し、リードする役割を担います。チームを引っ張るには豊富な知識と技術が求められますし、人を導くには経験が不可欠です。目的意識を持って働くシェフの目は輝き、自然と周囲の人を惹きつけます。そして、経営者もそうした情熱あふれるシェフを求めているのです。

ただ仕事をこなすだけのシェフや、お金に左右されるだけのシェフでは、さらなる成長や魅力も生まれません。魅力のないシェフにお客様がつくでしょうか？　リーダーとして本当に大切なのは、周囲に自然と押し上げられる存在になることだと思います。

こうした姿勢は、リーダー寿司シェフだけでなく、経営者になるにしても重要なものです。リーダーとしてチームをリードすることは、シェフであれ経営者であれ、求められる資質だからです。

「修行」から「習得」の時代へ

私が18歳で日本の寿司業界に入った駆け出しの頃は、厳格な徒弟制度があって、長い修行というプロセスを経なければ一人前の職人にはなれませんでした。私もとにかく先輩たちの仕事を見て覚えました。そしていつか彼ら以上の腕になることを夢見て修行に励んでいました。見よう見まねで技術を身に付け、知識を蓄えるのが当たり前の時代だったのです。それが、当時の職人としての成長の道筋でした。

「何回ゆうたら、分かんねん！」

「これもできんのか！　あほか、おまえは！」

当時、私が毎日のように先輩から投げかけられた「教え」の言葉です。ことあるごとに理不尽に浴びせられるこの叱声に、私は怒りを感じていました。業界に入ったばかりで何も知らないのは当然だろうと思いましたが、先輩たちは逆に「それくらい知っていて当たり前」と考えていたのでしょう。毎日叱られることで、次第に先輩への険悪な感情が芽生えると同時に、不満が嵩《こう》じて将来への不安さえ覚えました。しかし、彼らも同じように先輩たちに怒鳴られて学んできたため、どうしてもこのような言葉が出てきてしまうのでしょう。残念な日本の伝統です。10点満点から、これもできん1点減点、あれもできん2点減点……、そして残り無しのゼロ点。一つひとつ減っていく、つまり「引き算の教え」なんです。

この経験は、のちに私自身が寿司シェフとして後輩たちを指導する際、相手の立場に立って物事を教えることの大切さを考える一因となりました。そして私は、私からその残念な伝統的指導方法を変えることにしたのです。従来の「引き算の教え」ではなく、「足し算の教え」への転換です。新人がゼロからスタートする足し算のアプローチです。例えば、何か1つできるようになった時に、

「おお、それができるようになったのか、すごいぞ」

と褒めて1点を加算します。次に別のことができるようになったら、

「なんとこれもできるのか、すごいぞ」

と、また1点を足していく。初めは何もないのですからゼロでいい。ゼロから始めて一つずつできることを積み上げていくのです。

後輩を指導する先輩や、リーダー寿司シェフたちがこのプラス思考の指導を学べば、新人たちはより早くチームに馴染んでいきますし、学びの姿勢も自然と前向きになります。もちろん指導する側だって気分が悪かろうはずがありません。チームでの仕事が楽しくなり、個々の力が引き出され、実力以上のパフォーマンスを発揮できるようになるのです。マイナス思考からプラス思考に変えるだけで、人の動きや気持ち、考え方が大きく変わるのです。これは、私自身が体験から得た大切な教訓なのです。

私は幸いにして反発心をモチベーションとして昇華でき、真剣に仕事に向き合うことができました。今があるのはその反骨心のおかげと言ってもいいかもしれませんが、しかし、どれだけ多くの有望な青年たちが、先輩たちの叱責や心ない言葉に屈辱を感じ、深く傷つき、将来の夢を奪われてしまったことでしょうか。それを考えると、胸が締め付けられるような気持ちになります。彼らも、適切な支えや励ましがあれば、今も料理の道で活躍していたかもしれません。

このような思いから、私はただ技術を教えるだけでなく、生徒たちの心のケアや指導方法にも気を配るようになりました。未来ある才能を潰さないために、理解と共感をもって接することの重要性を強く感じています。

旧来の寿司職人の育成環境を見直し、今の時代のニーズにあったシステム、環境で寿司シェフを育成する。2か月という短期間で集中して基礎技術を確実に習得できるのは、このような当校のポリシーがあるからなのです。スシ・シェフ・インスティチュートは、そんな時代の要請から生まれた「修行の場」を「習得の環境」へと転換した場であるのです。

アメリカでは、その人自身を見る

アメリカでは、特に就職において、その人の経験年数よりも「その人自身」が重視される傾向があると感じています。つまり、何年働いてきたかよりも、その人が自分たちのチームで本当に活躍できるか、という人間性や適応力を見られるのです。たとえ10年の寿司シェフ経験があったとしても、スーパーマーケットや持ち帰りの店で働いていただけでは、寿司バーで必要とされるチームプレーやお客様との会話力、そして臨機応変に対応できる本物の技術は身に付いていない場合があるのです。

採用時の面接では、包丁の手入れや研ぎ方も確認され、魚の種類に応じた切り方を理解しているかや、巻物や握りの技術もテストされます。巻物は新人シェフが最初に任されるポジションなので、丁寧かつ正確に巻けることが重要です。握りにおいては魚に対して正しい切りつけができているかや仕上がりの美しさ、場合によってはスピードも求められます。

これらの技術は、ただ長くやってきたからできるわけではなく、誰から学んだか、その教えをしっかりと身に付けているかが問われるのです。

アメリカでは、若くても基本的な技術や知識を持ち、人間性に優れていれば、誰もが欲しがるのです。経験年数よりも、その人が持つ可能性や成長意欲、そしてチームにどう貢献できるかが鍵となるのです。

だからこそ、寿司シェフとしては基本をしっかりと学び、さらに成長したいという意思を持っていることが大変重要なのです。

文化のギャップが生む創造性

　スシ・シェフ・インスティチュートを開校し、さまざまな国の人々に寿司を教えるようになってから、私も多くの驚きがありました。それは、生徒たちの文化に対する驚きではなく、私が日本人として当たり前に思っていたことが、予想外の形で生徒たちに示されて、私を驚かせたのです。

　例えば、前掛けの紐を浴衣の帯のように上にずらして結ぶ生徒がいました。日本では本来、へその下でキリッと結び、気持ちを引き締めるのが一般的です。しかし、日本の文化を知らない生徒たちはその意識がなく、結果としてだらしない印象になってしまいます。こうしたことは知らないから当然なのです。なんでも一つひとつ理由を説明する重要性を学びました。「正装」もクラスの最初にしっかり教えるようになりました。

　また、ビーチサンダルで厨房に入ってくる生徒もいました。自由でフランクな国柄・土地柄ゆえ、服装がルーズになることもありますが、安全面や衛生面で厨房には適しません。説明すればすぐに、「オッケー」と理解してくれます。

魚市場研修には、ファッションショーのようなつば広の帽子をかぶってきた女性もいました。魚市場がどういう場所かを知らず、まるで海辺のバカンスに行く感覚だったのでしょう。混雑した市場では、このようなスタイルは適切でないため、変更してもらうことになりました。

実習でも、魚を切った包丁でそのまま野菜を切る生徒や、手水をつけずに寿司を握って手を米粒だらけにしてしまう生徒、天ぷらを揚げる際に食材を高いところから投げ入れて火傷をしてしまった生徒もいて、笑い話にはできないエピソードもあります。

こうした料理の基本を知らないからこそそのことはさておき、文化的なギャップに私も最初は戸惑いましたが、次第にそれが新しい可能性をもたらすと気づくようになりました。彼らの異なる視点や自由な発想は、伝統に縛られた日本の寿司とは異なる新しい寿司の形を生み出す力になるのではないかと考えるようになったのです。実際、クラスの最後に各自が考案した「オリジナルの巻き寿司」の製作を行いますが、彼らならではの工夫や斬新な発想によって、独自性のあるクリ

卒業間近の生徒たちと彼らが作った寿司。2か月のクラスでこんなにも上達する。

エイティブな寿司を見せてくれるのです。

文化の違いが新たな創造性を生む——それこそが、私がアメリカで寿司シェフを育成しながら見出した大きな価値なのです。カリフォルニアロールの例のように、日本の伝統的な枠組みでは考えつかないような発想から、斬新な寿司が生まれるのです。日本では伝統の枠に捉われがちですが、アメリカでは自由な発想のもとで、次々にクリエイティブな創作寿司が誕生しています。こういった文化の違いが、新たな息吹をもたらしているのです。

スシ・シェフ・インスティチュートでは、わずか2か月の履修期間であっても、寿司シェフとして必要な基本スキルをしっかりと身に付けられるように設計されています。この基礎を短期集中で徹底的に学んだ卒業生たちは、どんな職場や環境においても自然とステップアップしてゆくのです。

「砂の上には城は建たない」という諺《ことわざ》のように、成功するためにはしっかりとした基盤が必要です。私たちの学校では、寿司シェフとしての確かな基礎を集中的に教え、その上に各生徒の個性やスタイルを反映した「城」を築けるようサポートしています。基礎を確実に築いたあとは自分らしさを活かして自由に成長していけばいいのです。

クラスを修了し、卒業証書を手にする生徒たちと著者。

第4章

夢への「投資」という考え方

超有名レストランNOBUの主任寿司シェフになった新沼君

ここでは、当校を卒業した日本人である新沼君の、素晴らしい成功ストーリーをご紹介したいと思います。この話は、日本からアメリカへ夢を抱いて渡った彼が、どのようにして夢を実現し、世界的に有名なレストラン「NOBU《ノブ》」の主任寿司シェフになったかの軌跡です。新沼君のエピソードは、学びや移住、語学学習、そして費用に関する情報など、実際にどのような努力が必要だったかを示す生きた例として、きっと皆さんの参考となることでしょう。

新沼君との出会いは、ロサンゼルスで同じく食品業界に携わる日系人の雲田さんの紹介がきっかけでした。雲田さんは「ミスター・トーフ」と呼ばれる方で、

Masahiko Niinuma
国籍：日本
NOBU Maribu のトップシェフ
URL：https://www.noburestaurants.com/

30年前にアメリカ市場に日本の豆腐を持ってこられて、アメリカに健康食品として認知させた先駆者であり、私が心から信頼している方です。私もメンバーとして活動する日本食文化振興協会（ＪＦＣＡ）の理事長もされています。そんな雲田さんから、ある日、こんな連絡がありました。

「同郷の青年がアメリカを目指しているんだが、何か手助けしてくれないか？」

ロサンゼルスの日系人コミュニティには県人会というものがあり、同じふるさとを持つ者同士が交流を深め、助け合う場があるのです。

こうして紹介されたのが新沼君でした。彼は北海道の旭川の出身で、地元の居酒屋に17年勤めている青年でした。店長を任されていた彼は毎日忙しく、多くのスタッフをまとめながら大変な仕事をこなしているようでした。多忙の中、ＺＯＯＭで話をすると、新沼君はアメリカの西海岸に憧れがあり、「いつかＮＯＢＵで仕事をしたい」と、夢を熱く語りました。

ＮＯＢＵは、ご存じの方も多いと思いますが、ビバリーヒルズでセレブや著名人御用達の日本料理店を経営していた松久信之氏が名優ロバート・デ・ニーロ氏に見込まれて、共同経営者としてロサンゼルスで一号店を開店した日本食レストランです。今では世界の主要都市に50店舗以上を展開する超有名店です。

新沼君は、そのＮＯＢＵで寿司シェフとして働くことを目指していたのです。新沼君は17年のキャリアがあり、居酒屋では店長として多くのスタッフをまとめ、すべての仕事を任される立場にいました。しかし、どれだけ日本での経験があったとしてもＮＯＢＵにストレートで就職するのは、まず不可能でしょう。

ことに新沼君は寿司に関してはまったくの素人でした。地元の居酒屋では寿司を提供していなかったので、握りや巻物などの技術がなかったのです。それでは、ここアメリカでは寿司バーに就職することは難しいし、ＮＯＢＵで働きたいのであればなおさらで、寿司の知識と技術は必須のスキルでした。

また、アメリカで生活していくには永住権が必要です。新沼君はアメリカ移住を目指していました。永住権取得には、時間的、資金的な苦労が伴うこと、また、アメリカでの生活の現実も理解する必要があります。永住権取得を待つ間にもビザ申請に関わる多くの書類提示なども必要です。そして必ず永住権が取得できるという保証もありません。しかし、雲田さんのご紹介ということもあり、私はできるかぎりお手伝いすることを約束しました。新沼君も夢の実現を目指して当校スシ・シェフ・インスティチュートで寿司を学ぶ決意を固めました。

新沼君は半年後、地元の居酒屋を辞め、アメリカに渡り、当校に入学しました。居酒屋の経験から、魚の扱いや仕込みは手慣れたものでしたが、寿司はゼロからのスタートでした。けれども学校に通っていた2か月間の新沼君の様子は新しいことを学ぶことにワクワクしている様子で、生き生きとしていました。

英語に関して新沼君は、渡米時はまったく話せませんでした。大袈裟ではなく、本当に「イエス」「ノー」「ハロー」、そんなカタコトだったのです。

英会話は現地の環境に馴染みながら学ぶのが一番です。新沼君はそれを理解していて、クラスメイトに積極的に話しかけ、ニックネームで呼び合うくらいの仲になっていました。新沼君は語学学校にも週に数回通っていましたが、休日もクラスメイトと交流し、本やテレビからではなく、実生活の中で英語を聞き、話すことで、彼の英語も日に日に上達していったのです。毎日が英語の勉強でもあり、アメリカの文化を体で感じることに積極的でした。

永住権取得までの道のり

アメリカで永住権を取得するには、時間と費用がかかります。新沼君もその道のりを歩むために、授業や英語の勉強と並行して、永住権申請に向けて真剣に準備を進めていました。

寿司シェフとしてアメリカへの移住を目指す場合、永住権取得のためには雇用ベースのビザである「ＥＢ－３ビザ」を申請するのが一般的です。このビザは、特定の技術や資格を持つ外国人労働者が対象で、申請には2年以上の訓練や経験が必要です。※ＥＢ－３ビザを申請するには、その人材を受け入れて「この人は私たちの企業に必要不可欠な人物なので永住権を発給してほしい」と証明し、申請を後押ししてくれるビザスポンサーが必要になります。

複雑な書類作成や審査プロセスがあり、通常は移民弁護士のサポートを受けて進めることが一般的です。申請には数年かかる場合が多く、早い人で1～2年、長い場合で6～10年かかることもあります。また、申請すれば確実に取得できるわけでもありません。申請者の健康状態や経歴によっては却下されることもあります。さらに、ＥＢ－３ビザの申請中も、アメリカに合法的に滞在するためには他のビザが必要です。例えば、学生ビザ（語学研修用のＦ－１ビザ［最長6年］や研修・職業訓練用のＭ－１ビザ［最長4か月］）、就労ビザ（Ｈ－１Ｂビザなど）がそれにあたります。

Ｍ－１ビザ取得に関して、当校では必要な書類を整えるサポートを提供しています。カリフォルニア州には「ＢＰＰＥ」という州機関があり、これは私立学

※　2024年8月時点の情報です。詳細や最新情報は在日米国大使館および領事館の公式サイトをご確認ください。

校が学生に対して質の高い教育を提供しているかを監督する役割を持っています。当校もBPPEの認可を受けている学校であり、この認可によって、海外からの生徒を受け入れる際に必要な「I－20」という書類を発行することが可能です。I－20は、M－1ビザの取得に必須の書類です。学校が生徒の情報を基にこの書類を作成してアメリカ移民局へ申請。その後、生徒は自国のアメリカ大使館で面接を受け、合格すればM－1ビザが取得できるという流れです。

現在、全米で海外からの生徒を受け入れ、寿司シェフを育成できる学校は当校スシ・シェフ・インスティチュートだけです。このBPPEの認可を維持するには、定期的に多くのレポートや書類などの提出が必要であり、手間も費用もかかりますが、開校して20年以上経った今もこの認可を持続させています。その背景には、「寿司を学びたい」「日本食文化を深く学びたい」と願う、ESTA（ビザ免除プログラム）の対象外の国からの、多く生徒たちにも広く門戸を開きたいという、私たちの強い思いがあるからです。

さて、卒業が近づき、いよいよ新沼君も永住権申請に向けて、ビザスポンサーとなってくれる雇用先探しを始めました。しかし、これは簡単なことではありません。彼も各方面に問い合わせたり調査を行っていましたが、最終的には私に相談してきました。私が知り合いの寿司バーのオーナーに話を持ちかけたところ、快く引き受けてもらえ、新沼君はその店で働くことが決まりました。

しかし、スポンサーのもとで働く場合、最初は最低賃金からのスタートとなるのが一般的な条件になってしまいます。新沼君も寿司シェフとしての技術があっても裏方作業からとなりました。店には何人かの寿司シェフがいましたが、それ以外のスタッフは新沼君より技術が劣っていたため、彼が指導を任されることも少なくなかったそうです。加えて、新沼君には居酒屋での経験があり、オーナーからの期待も高かったため、新メニューの考案やさまざまな仕事も任されることになりましたが、自由に動ける立場ではなかったのです。

永住権を取るまでの期間は、まさに「我慢の時代」です。新沼君も、そう頭では理解していましたが、ちょくちょく学校に顔を出しては、給与のことや、語学学校と仕事の両立の大変さについて愚痴をこぼしていました。それに対し、私は

「これは永住権を取るための皆が体験する登竜門だ」と話しました。私自身も、スポンサーのもとで3年半働き、低賃金でありながらもメインシェフとしての責任を果たしていました。チップも最も稼いでいましたが、スタッフ全員と公平に分けて特別扱いはありませんでした。こういった試練の時期は「今だけのこと」だと、私は新沼君に諭しました。

こうして新沼君は移民弁護士と相談してビザの手続きを継続しつつ、永住権の申請を進めていきました。私は彼の努力と忍耐が実を結ぶ時を見守りました。

驚きの速さで永住権を取得し次のステップへ

そして1年と少しが過ぎたある日、新沼君が明るい笑顔で学校にやって来て、こう伝えてくれました。

「先生、永住権が取れました！」

と。なんと、たったの1年と2か月でアメリカの永住権を取得したのです。私も本当に驚きました。これほど短期間で永住権が取れるのは、一般的には非常に珍しいことです。新沼君より前に永住権を申請していた日本人の生徒たちの中には、3年以上待っていた人もいたので、彼の1年2か月という早さは本当に信じられませんでした。

新沼君がこの驚異的なスピードで永住権を取得できた理由の一つは、日本で17年にわたり積み上げた和食のキャリアと、アメリカの寿司バーでの実績が高く評価されたからでしょう。また、彼自身が手続きを素早く進め、必要な書類をきちんと整えていたことも大きく関係していたと思います。

永住権を取得するまでの道のりは決して簡単ではありませんが、それは夢を実現するために避けては通れない重要なステップです。新沼君のように、計画的に真剣に取り組めば、その道は必ず開かれるのです。

永住権を手にした新沼君は、いよいよ彼の夢であったNOBU、その中でも特に繁盛しているマリブ店に就職をエントリーしました。この店は450席もの大規模店で、月に100万ドル（約1億5000万円）の売上をあげると噂される、全米でもトップクラスの日本食レストランです。マリブのNOBUのコーポレーション・シェフは私の知人でもあったので、新沼君の話をしていたこともあり、問題なく就職が決まりました。ついに彼は夢を叶えたのです！

NOBUでは仕事に段階があり、段階ごとに仕事の技術や英語力、チーム力など多くのスキルが必要になります。新沼君も最初はしばらく、仕込みの仕事を担当することになり、段階的にステップアップを目指していました。

彼が仕込みの仕事にも慣れた頃、パンデミックが世界を襲いました。多くの高給取りだった先輩シェフたちが辞めていく中、新沼君はじっと耐え続けました。その結果、残った若いシェフの中でも腕があると認められ、彼は重要なポジションに就くことになり、4年経った今ではマリブのNOBUのトップ・シェフとして20人以上の寿司シェフを指導するようになりました。新沼君の努力と忍耐力、そして夢に向かって一歩一歩進む姿勢が、彼をここまで導いたのです。

現在、新沼君は週末になると1000人を超えるお客様に寿司を提供し、その一瞬一瞬に喜びを感じながら、カリフォルニアのライフスタイルを満喫してい

NOBUのオーナーシェフ松久氏を囲んで。

新沼君とマリブのNOBU。

ます。先日、彼がフォードの新車に乗っている写真をSNSで見かけました。その姿からは順調なキャリアと充実した生活が垣間見え、私も嬉しくなりました。あくまで私の推測ですが、彼の月給はチップ込みで1万ドル（約150万円）を超えるのではないでしょうか。

新沼君は今でも年に一度は私たちの学校を訪ねてくれます。そして、

「先生、誰かいい生徒はいませんか？」

と声をかけてくれるのです。今では、彼を通じて4〜5人の卒業生がNOBUで働いています。

6年前、北海道の旭川で居酒屋の仕事に追われていた青年が、今やアメリカの高級リゾート地にある超有名レストランNOBUのスターシェフとなり、上流

階級の生活を送っている。これこそ、まさにアメリカンドリームと言えるでしょう。

夢を叶えるための「投資」という考え方

新沼君が夢を実現するためには、もちろん多くの費用がかかりました。アメリカで永住権を取得するまでの道のりも楽ではありませんでしたが、彼はそれを「将来への投資」として捉えていたのです。以下は、彼が実際にかかった費用の一部をまとめたものです。

・スシ・シェフ・インスティチュート授業料……6500ドル／2か月
・渡航費用……1000ドル～（片道、航空会社による）
・居住費……1000ドル～／月（ドミトリー利用の場合）
・生活費……1000ドル～／月
・ビザや永住権の各種申請費用（移民弁護士への支払い）……5000ドル～

・語学学校学費……２０００ドル～／年

この費用を支払うのは大きな負担ですが、新沼君は自分の夢と将来に対する「投資」として前向きに捉え、その結果、今ではその投資を大きく超える豊かな生活を送っています。日本では、時間やお金を「節約」する傾向が強いですが、新沼君はそれを「投資」と捉え、将来の成功に向けて積極的に行動したのです。これは、夢を諦めず、粘り強く行動し続けた彼の努力の賜物です。

そして、彼の成功の背後には、私たちスシ・シェフ・インスティチュートのネットワークもありました。新沼君は、当校で「夢へのパスポート」を手にし、それを通じて新たな世界への架け橋を渡り、見事に夢を実現したのです。

※スシ・シェフ・インスティチュートの生徒たちは、主に個人資金で学びますが、第2章でご紹介したように当校は食品会社と提携し「スカラシップ・サポート・プロジェクト（奨学生制度）」も整えています。また、国や州や市など自治体の支援がある場合もあるので、一度調べてみることをおすすめします。

第5章

世界で活躍する卒業生たち

SUSHI FOR EVERYONE

卒業生たちの成功は、私にとって本当に大きな喜びです。彼らが当校で培った技術と経験をもとに、世界各地で夢を実現している姿を見ることは、私にとって何よりの励みです。彼らの成功は、寿司という日本の食文化が国境を越えて多くの人々に愛されている証でもあり、そのことに大きな誇りを感じています。

「SUSHI　FOR　EVERYONE」――これは私が教室の壁に掲げている言葉です。卒業生たちはまさにその言葉のとおり、寿司の魅力をそれぞれの形で世界に届けています。力強く情熱にあふれる姿を目の当たりにするたびに、私自身も感動し、勇気づけられます。これまでに2000人以上の生徒を送り出してきましたが、その中には特に印象に残る生徒や、忘れられない生徒がいます。ここでは、その中から9人の卒業生にスポットを当て、彼らがどのようにして自分の夢を実現し、世界各国で活躍しているかを紹介したいと思います。

Haley Adelman
国籍：アメリカ（ユタ州）
オマカセケータリング店「Sushi Venture」を経営
https://www.sushiventure.com/
@sushiventure

卒業生紹介❶ ユタ州でオマカセ寿司のケータリングで成功したハリー

ハリーはユタ州に住む女性で、当時21歳でした。学生時代から調理に興味を持ち、若くして数々のレストランで働いた経験がありました。ある日、彼女とご家族が当校を訪れました。入学希望は1年後でしたが、その間、ご家族と一緒にしっかりと将来の道筋を考え、準備を進めていたようです。彼女の将来を全員が応援している暖かいご家族でした。私は彼女が一人前の寿司シェフになることをご家族に約束しました。

彼女が入学した時期のクラスは8名。彼女はクラスメイトの中でも特に若く、まるで末っ子の妹のような存在でした。クラスは、ニューヨーク、サンフランシスコ、ワシントンD.C.など多彩な地域から集まったメンバーで、ビーガンの生徒もいたりと、多様な意見や文化が混ざり合う楽しい雰囲気でした。そんな中でも、ハリーは真面目で、何事も一歩ずつ丁寧に学び、学校のケータリングなどのイベントにも積極的に参加し、学びたいという熱意が感じられました。彼女の目には、将来一人前の寿司シェフになるという強い意志が輝いて見えました。自分の人生に、しっかりとフォーカスしている真剣さがうかがえました。

2か月間のカリキュラムを終える頃、ほとんどの生徒が「自分に合うベストの就職先を探してほしい」と、私に卒業後の就職先のアドバイスや相談を持ちかけてきます。自分の腕や知識をストレートに受け入れてくれるレストランを見つけることは簡単なことではありません。まして自分で探すとなれば本当に難しいと思います。卒業したばかりのシェフが、一流レストランに入ることは一般には無理です。しかし、私の学校は多くの成功例を持っています。それはシェフとしてのネットワークがアメリカ中にあり、私の学校の存在を理解してくれているシェフや経営者が少なからずいるからです。

卒業を目前にした頃、ハリーからも相談があり、私は彼女にニューヨークのレストランでの仕事を勧めました。地元ユタ州のレストランに就職してもいいのですが、将来的に彼女が自分の店を持つことを考えると、大都市ニューヨークでの経験が彼女のキャリアに大いに役立つと判断したのです。私の条件は、家族の了解を得ることでした。家族の理解とサポートが何よりも重要だと、彼女も深く理解していました。そして2週間後、ニューヨークの有名な女性シェフの元で働くことが決まりました。

　しかし3か月後、コロナウイルスの影響でニューヨークのレストランは閉店し、彼女はユタ州の家族のもとに戻ることになってしまいました。

　けれども、それで挫《くじ》けなかった彼女は、その後、新たな挑戦としてオマカセ寿司のケータリングサービスを立ち上げたいのでアドバイスが

ケータリングの準備をするハリーと彼女がコーディネートしたテーブルセット

ほしいとの相談のメールをくれました。私は彼女に調理器具や食器の選び方、仕入れ先などのアドバイスを送りました。そして半年後には彼女は自分のビジネス「Sushi Venture《スシベンチャー》」を始め、少人数のオマカセケータリングで忙しくしていました。今では、東京の豊洲から魚を仕入れるほどに繁盛しているようです。

彼女がこのようにステップアップしていくことができたのは、彼女のその真面目さと積極性のおかげです。私は、彼女が家族と共に初めて学校を訪れた際に「彼女は立派な寿司シェフになる」と約束をしたことを思い出しました。そして、その予感は間違いではなかったことを誇りにも思っています。私はいつでも彼女をはじめとする卒業生たちのアドバイザーであり、また、影の応援者でもあるのです。

Fabiola Lairet
国籍：ベネズエラ（バルセロナ在住）
「Monster Sushi」「ROBATA」のコーポレーションシェフ
https://monstersushi.es/es、https://robata.es/
@monstersushi_restaurante @robata_restaurante

卒業生紹介❷

地元スペインの人気店を夫婦で経営するファビオラ

アメリカ以外からも多くの生徒が学びに来ています。その1人、ファビオラは、スペインのバルセロナで小さなタイ料理のレストランを経営していました。彼女と彼女の夫は、共にベネズエラで暮らしていましたが、治安の悪化から家族が安全に暮らせる場所を求め、叔父の紹介でバルセロナに移住したのです。しかし、新しい土地で仕事を見つけるのは簡単ではなく、夫婦で力を合わせて料理の道に進むことを決意し、小さなレストランをオープンしたのです。そして、寿司をメニューに加えるために、スシ・シェフ・インスティチュートへ学びに来てくれました。

ラテン系の生活習慣の違いもあり、授業のペースに苦労したり、スペイン語が母国語の彼女は言葉の壁にも苦しんでいました。また、家族と長期間離れて暮らし、寂しい思いもしたようです。2人の娘たちとは毎夜、連絡を取っていたものの、母親としての責任を果たせない辛さも抱えていたようです。

それでも意欲的な彼女は挫けることなく、2か月間のクラスを無事に修了しました。そして帰国するとすぐに、寿司をメインにしたレストランをオープンし、たちまちのうちに人気店に育て上げました。2年後、私が訪ねた際には、45席のお店に180人の予約があり、翌日には200人の予約が入っているほどの繁盛ぶりで、電話が鳴り続けていました。夫婦で築き上げたこのビジネスは、地元に愛され素晴らしい成功を収めていました。

その後、彼女は新しい挑戦として炉端焼き居酒屋「ROBATA《ロバタ》」を開店し、25人ものシェフを抱える規模にまで成長させたのですから本当に驚きです。しかし、規模が大きくなると経営の難しさも増します。順調だった2軒のレストランですが、家庭の事情で投資会社に譲渡したそうです。パンデミックが来る前に手放したことは、偶然とはいえ非常に良いタイミングだったと言えるでしょう。神は懸命に生きる人に味方するのでしょうか。

右・バルセロナにあるファビオラの店で、シェフたちに短期寿司クラスを行った著者。
左・ROBATAの店内

彼女は現在もこの投資グループとの良好な関係を維持し、コーポレーション・シェフとして活躍しています。多くのスタッフは彼女の教え子で、信頼のもと安心して仕事ができているようです。そして、彼女はバルセロナの中心地に大きな邸宅を購入し、家族との時間を大切にし、娘たちと世界各地を旅行しながら人生を楽しんでいます。

私が日本に滞在していた時にも、東京で再会することができました。仕事への情熱は変わらないものの、今は家族との時間を優先し、充実した生活を送っているようです。彼女が学校で苦労していた時期を知っている私にとって、今の彼女の姿を見るのは、まるで自分のことのように嬉しいかぎりです。

Fabio Maurice
国籍：アルゼンチン
地元ブエノスアイレスに「MIYAKO」を経営
@miyako.sushi.resto　FB @miyakosushiba

卒業生紹介❸

日本人の血筋を持つファビオから私が学んだこと

日本人の血筋を持つ生徒への指導は、私にとっても多くの学びの機会を提供してくれます。特にアルゼンチンから来たファビオとの出会いは、私の指導に対する責任感を改めて感じさせてくれるものでした。

ファビオはアルゼンチンからの生徒でした。彼は9年間の寿司シェフ経験がありましたが、その経験は主に巻物のみ。また彼の町では魚の種類も限られていたこともあって、本格的な寿司とは縁がなく、彼自身もそこに悩んでいたそうです。調理場での9年は同じことの繰り返しだったと言います。

彼のお爺さんは沖縄出身で、ファビオには日本人の血が流れていました。その影響もあってか、彼は非常に辛抱強く真面目な性格でした。授業でもしっかりと目標を持って取り組んでいました。

ファビオは、もっと早く学校に来て寿司を学びたいと思っていましたが、アルゼンチンという南米の国からアメリカの寿司学校に入学する費用を貯めるには、3年が必要だったそうです。通貨価値の違いが大きな壁となっていたのです。私は彼の努力を知り、こういった生徒たちに教えることは、単なる技術の伝達以上に大きな責任を伴うことを再認識しました。彼にはできるかぎり多くの魚の調理を体験させ、古典的な仕込みなども特別に指導しました。ファビオはクラスのリーダー的存在となり、技術的にも大いに成長していきました。

卒業してアルゼンチンに帰国後、彼はイタリアに新しくオープンする寿司バーのオーナーに乞われて、南イタリアで働くことになりましたが、開店まで1年を要しました。それでも彼は忍耐強く待ち続けました。彼らしいです。その3年後には、さらなる技術の成長を目指して日本へのインターンの相談がありました。しかし、その時期に家族が増えたこともあり、地元に戻ることを選びました。

しばらく連絡が途絶えていましたが、最近、自分の寿司バー「MI《ミ》YA《ヤ》KO《コ》」をオープンしたという嬉しい報せが届きました。これはゴールではなく、これか

MIYAKOの創作寿司。ファビオのお爺さんの故郷、沖縄のビールもメニューに。

らも続く彼の挑戦の一歩であることを私は知っています。

ファビオのような日本の血を引く生徒たちに寿司を教える中で、私は日系人の歴史や文化についても多くのことを学びました。また、彼らのアイデンティティについても深く理解する機会を得ました。

ロサンゼルスでもかつて、日系アメリカ人が第二次世界大戦中に差別を受け、その後も自分たちのルーツを押し隠してアメリカ社会に適応しようとする時代がありました。しかし、三世の世代になり、彼らは自分たちのルーツを尊重し、日本文化を自分のアイデンティティの一つとして、再び意識し始めています。スシ・シェフ・インスティチュートの仕事は、日本食や寿司文化を次の世代へとつなげていく、大切な使命であると改めて感じています。

Pedro Velarde Padilla
国籍：メキシコ
地元ティワナに「Saketori-Ya」を経営
@saketoriya　FB @saketoriya

卒業生紹介❹

サーバーからオーナーになったペドロ

ペドロはメキシコのティワナ出身です。学生時代をメキシコとの国境の先に位置するサンディエゴで過ごし、10年にわたって有名な日本食レストランでサーバーとして働き、その技術を磨き上げてきました。高級店でのサーバーには細かなランクがあり、ワインやお酒のペアリング、魚の種類や産地に関する高度な知識が求められます。さらに、洗練された会話術や細かな配慮など、ホスピタリティのスキルも必要です。ペドロは日本語での会話や日本食についての知識も豊富で、一流のサーバーとして高く評価されていました。

しかし、彼が本当に学びたかったのは寿司シェフとしての技術でした。10年以上サーバーとして働くうちに、どうしても地元ティワナで自分の日本食レストランを開きたいという夢を抱くようになったのです。しかし、そのサンディエゴのレストランでは、メキシコ

右　真ん中で腕組みをしているのがペドロ。スタッフの指導も彼が行っている。　中・メキシコの食材と組み合わせたフュージョン寿司。　左・唐揚げやテリヤキバーガーなどのメニューも。

人である彼が寿司シェフとして働くことは許されませんでした。

ペドロのご両親はティワナで評判のケーキ屋を2軒営んでおり、その経営知識は自然とペドロに受け継がれていました。そのため彼がレストランをオープンすること自体は難しいことではないでしょう。けれども、肝心の日本食を提供できるシェフがいなかったため、彼は自ら技術を学ぶためにスシ・シェフ・インスティチュートへの入学を決意しました。ペドロは、ここで得た知識と技術を自分の店で従業員に教え、質の高い料理を提供する場を作り上げようと、しっかりとした意志を持って学び始めたのです。

スシ・シェフ・インスティチュートへの入学で、彼の念願の寿司シェフとしての第一歩がスタートしました。ペドロが生み出す料理のアイデアや色彩感覚は、長年サーバーとして培った審美眼によって、他の生徒とは一線を画すものでした。その料理の知識は彼自身の豊富なサーバーの経験から身に付けたもの。体験からの学びの大切さを、彼の姿から改めて教えられた気がします。

卒業後、ペドロは自分の夢を実現するために動き出しました。そして半年後、寿司バーと居酒屋のメニューの見直しに際して、私にアドバイスを求めてきました。私は、寿司以外にも、ラーメンや丼ぶりなどの新しいアイテムをメニューに加える提案をしました。それから1年も経たずして、ペドロは念願の寿司バーをティワナにオープンしました。彼もまた、自分の夢を叶えたのです。

さらにその後、ペドロはオマカセ寿司のレストランやメキシカンの朝食レストランなど、次々に新しい店舗を展開していきました。彼のレストランにかける熱意は、とどまることがありません。それでも、訪れるたびに、どれだけ忙しくても、私たちへの心遣いを忘れない彼の姿には感銘を受けます。サーバーとしても一流であった彼のホスピタリティは、レストラン経営者としても遺憾なく発揮されています。アメリカとメキシコの国境を越える際には、いつもペドロが送り迎えをしてくれ、その心遣いには頭が下がる思いです。

Engin Onural
国籍：トルコ
パームデザートに「THE VENUE」ほか３軒の店を経営
URL：https://www.thevenuepalmdesert.com/
@thevenuesushi　FB @thevenuesushibarsakelounge

卒業生紹介❺

2019「ベスト・シェフ・アメリカ」に選ばれたエンギン

ある日、突然、トルコ人の青年が当校の事務所に現れました。スタッフに強い口調で何か話していたので、何事かと思い会って話してみると、彼の最初の言葉は、

「Can I trust you?（あなたを信用して大丈夫か？）」というものでした。非常に失礼な質問ではありましたが、私は即座にこう答えました。

「あなたの人生を変えてみせるよ」

彼の名はエンギン。エンギンは大学を卒業し、将来を切り開くために私の学校にやってきました。調理経験もなく、さらに日本食や寿司は彼にとって未知の世界。しかし、彼は2か月間のクラスを無事に修了し、その後、パームスプリングス市にあるホテルの寿司バーに就職しました。当時、彼はまだ20歳でした。

　エンギンはその後も定期的に学校に顔を出してくれ、23歳でホテルの主任に昇進したこと、25歳の時には家を購入したこと、そして27歳ではついに自分の店を持つことにしたという嬉しい報告を次々と届けてくれました。ちょうどその頃、当校に日本のテレビ番組の取材が入ったこともあり、私はエンギンの店を紹介させてもらうことにしました。

　エンギンの店「THE《ザ》 VENUE《ヴェニュー》」は、リゾートや観光地として有名なパームデザート市の洒落た繁華街沿いにありました。訪れた瞬間からエンギンのこだわりと個性が感じられました。

　そして驚いたことに、お店のスタッフたちは皆、当校の卒業生たちで構成されていたのです。彼の成功と、彼を中心に成長を続ける仲間たちの姿を目の当たりにし、私は胸がいっぱいになりました。エンギンの高身長に合わせて特別に設計された厨房カウンターは、他のシェフには少し使いづらそうでしたが、そんなユニークさも彼の店の魅力のひとつでした。

小さな店舗ながらも、モダンで洗練されたインテリアの店内で振る舞われるエンギンの独創的な寿司や料理は、開店当初から地元の人々に高く評価されており、瞬く間に人気スポットとなっていました。地元新聞には3年連続で「ベスト・スシ・イン・タウン」として取り上げられ、その賞状が誇らしげに店内に飾られている様子を見て、私もまるで自分のことのように嬉しい気持ちでいっぱいになりました。

エンギンは2019年、「ベスト・シェフ・アメリカ」の100人に選出されるという偉業を成し遂げました。

現在、彼は4軒の店舗を展開し、多くのスタッフを抱えながら忙しい日々を送っています。責任が増した中でも、彼は常に希望と情熱を持ち続け、次々と新たなチャレンジに挑んでいます。そして、彼が目指す次なる夢は、ミシュランの星の獲得です。料理の味はもちろん、レストラン全体の雰囲気やサービスまでが厳しく評価されるミシュランでの星獲得は、シェフとしてのひとつの大きな目標とも言えるでしょう。彼なら、きっとその夢を実現できると確信しています。彼の成長を見守り、その情熱に触れるたびに、私もまた大きな刺激を受け、初心に立ち返る思いです。彼が私に最初に問いかけた「信頼」という言葉は、今や彼の揺るぎない信念に変わり、その道のりを確かなものにしているのです。

上・エンギンの店はどれもモダンで落ち着いた雰囲気。中・美しく盛りつけられた刺身。下・彼の別の店「Sandfish」では寿司と厳選されたウイスキーのマリアージュが楽しめる。

Mine Oh
国籍：ベトナム

卒業生紹介❻

「ベストキッチン従業員」として認められたミン

ミンはベトナムから来た真面目で努力家の青年でした。すでにキッチンの経験を持っていた彼は、他の生徒のサポートにも積極的で、まさにクラスの模範生でした。どんな仕事にも全力で取り組み、イベントにも積極的に参加して助手を進んで努めてくれ、私にとって信頼できる片腕的な存在でした。

彼には大きな夢がありました。それは、いつかベトナムに自分の料理学校を立ち上げることです。ミンはそのために、私の指導の姿勢や学校の運営に深い関心を持ち、あらゆる経験を吸収しようとしていました。彼の学びに対する姿勢は本当に真摯で、すべての瞬間を未来へのステップとして捉えていたのです。

卒業時、私は彼に五つ星ホテルでの仕事を紹介しました。最初は短期契約でしたが、ミンの真面目で丁寧な仕事ぶりがすぐに評価され、彼はフルタイムに昇進しました。そしてなんと、ホテル内の寿司バーを任されるまでになったのです。短期間で寿司バーを任されるほどの信頼を得るというのは、まさに彼の努力と才能の賜物でした。

ミンはそれだけにとどまらず、週末には日系スーパーマーケットの寿司バーでも働き、さらなる経験を積んでいました。彼は誰よりも丹念で仕事に精を出していました。それは、単なる収入のためではなく、料理のプロフェッショナルとして学び続ける真剣な姿勢でした。彼の仕事に対する献身と情熱は周囲の人々にも伝わっており、彼が働く場所ではいつも尊敬のまなざしを受けています。住んでいる場所は遠く離れていましたが、彼はその距離をものともせず、仕事と家庭の両立を見事に果たしていました。

そんな彼から、「ベストキッチン従業員賞」を受賞したという嬉しい知らせが届いた時、私は心から喜びました。これはただの賞ではなく、彼のひたむきな努力と強い意志が形となったものです。彼のような生徒の存在は、私にとっても大きな誇りであり、彼の成長を見守ることで私自身も刺激を受けています。今後もミンは、その強い志を胸に、自分の夢に向かって進んでいくことでしょう。

Michelle Barr
国籍：スコットランド
地元グラスゴーに「YOKOSO」を開店。現在は業態を変え、
寿司のケータリングとトレーニングスクールを運営
https://www.sushiselectionbox.co.uk/
@sushiselectionbox

卒業生紹介⑦

逆境から寿司のテイクアウトショップを開いたミッシェル

ミッシェルはスコットランド出身。彼女の旦那さんは海上油田のエンジニアで、短期間ロサンゼルスに滞在していたため、彼女はその機会を利用して当校に入学してくれました。もともと日本食に強い興味を持っていた彼女は、ロサンゼルスを訪れるならば寿司を本格的に学びたいと考えていたのです。

それまで日本食を作ったことがなかった彼女にとって、和包丁を研いだり、魚を捌いたり、寿司を握るという作業はすべてが新鮮で、挑戦しがいのあるものだったようです。クラスメイトとの関係も良好で、自主練習も積極的に行い、授業にしっかりついていこうとする姿勢は非常に印象的でした。

卒業間近の頃、ミッシェルから「ヨーロッパで寿司シェフとして

右・ミッシェルと最初のお店「YOKOSO」の店内デコレーション。左・現在の寿司のケータリング。

働きたい」という相談を受けました。私は彼女にイタリアとスペインのお店を推薦しましたが、彼女はどちらも給与に納得できず、スコットランドへの帰国を選びました。

その数か月後、彼女から

「自分で小さな寿司テイクアウトショップを開いた」

と報告がありました。寿司だけでなく、お弁当や丼を提供するお店で、彼女のクリエイティブな感性が店の雰囲気にも十分に反映されていることが写真からうかがえました。そして、開店から半年も経たないうちに、地元の雑誌に「ベスト・スコットランド・スシ・ショップ」として取り上げられたことを、彼女のＳＮＳで知りました。

納得できる就職先が見つからなかったという当初の不運が、結果的には彼女に大きなチャンスを与えたのです。彼女の行動力と決断力には本当に驚かされました。

David Bouhadana
国籍：アメリカ
「Sushi By Bou」オーナー。ニューヨークをはじめアメリカのいくつもの都市にお店を経営
https://sushibybou.com/
@sushibybou_　FB @Sushi-By-Bou-61558451753189

卒業生紹介⑧

アメリカ各地で人気寿司バーを経営するデビッド

デビッドは、現在ニューヨーク、フロリダ、シカゴに22軒もの人気寿司バーを展開している、業界でも大成功しているオーナーの1人です。そしてもちろん、当校で学んだ卒業生のひとり。今ではいかにも成功者らしい貫禄と余裕を感じさせるデビッドですが、その道のりは決して平坦なものではありませんでした。彼もまた、私と同じように多くの失敗と過酷な経験を経て今の成功を手にした、チャレンジャーです。

彼の物語は19歳の時、マイアミの寿司バーでアルバイトとして働き始めたことから始まります。そこはアジア系オーナーの寿司バーで、典型的なアメリカ風の巻き寿司がメインのお店。技術は低いものでした。ある日、彼はスシ・シェフ・インスティチュートの広報

DVDを偶然手に入れ、本物の寿司シェフの巧みな技に触れました。そして強い感銘を受けた彼はいてもたってもいられずスシ・シェフ・インスティチュートの門を叩いたのです。

経済的に厳しい状況の中、デビッドは2か月間のクラスを履修しました。彼は旅費の節約のためにマイアミからロサンゼルスまで44時間もかけて車で移動し、住まいは安価なドミトリー、移動手段は自転車でした。そして、実習で作った寿司がその日の食事になることもしばしば。それでも、彼は誰よりも早く登校し、最後まで残って包丁を研ぎ、ひたむきに努力を重ねました。また、私のイベントやデモンストレーションにも積極的に参加し、サポートしてくれました。

そんな彼の強い好奇心と高い向学心を見て、私は日本でさらに深い経験を積むことが将来の彼にとって大きなメリットになると考え、日本でのインターンシップを提案しました。デビッドも本当は卒業後すぐにでも仕事をして収入を得たかったでしょう。しかし、彼は私の意図を理解し、両親から資金を借りてそのチャンスをつかむ決意をしました。向かった先は、兵庫県にある私の兄が経営するレストラン「松屋」。ここでの1か月間の研修です。

日本語も分からず初めての土地での生活は、決して簡単なものではなかったはずです。それでもデビッドは必死に日本語を覚え、仕込み作業も見よう見まねでこなし、1か月後には寿司シェフに必要な基本の技術と日本語を身に付けるまでに成長しました。

彼は帰国後、日本での経験を記した経歴書を手に、ニューヨークの老舗寿司バー「初花《はつはな》」に就職することとなりました。ここで働く寿司シェフは皆日本人で、アメリカ人の寿司シェフがのこのこやってきて受け入れられることは100％ない店です。しかし、デビッドの技術と熱意が評価され、異例の採用となりました。給与の交渉すらせず、「お金はいらないから一流の仕事を学びたい」と言った彼の姿勢が、オーナーの心を動かしたのです。彼はその時の待遇ではなく、将来の自分に時間の投資をしたのです。

この初花での経験を糧に彼はステップアップしていきました。他のレストランからの引き合いがあって、24歳でニューヨークに自身の寿司バーをオープン。上昇志向が強く頑張り屋なデビッドです。もちろん、たちまち繁盛店になりました。

しかし、その熱心さが裏目に出てしまいました。すべてを自分で仕切ろうとし、忙しさが彼の心身に大きな負担をかけていたのです。

朝の10時から夜中の2時までの毎日の労働。小さな寿司バーとはいえ、体力には限界があります。私は彼に「このままでは続かないぞ」と改善を勧め、デビッドは寿司シェフを雇いましたが、そのシェフには簡単な作業しか任せず、結局すべてを自分でこなそうとしていました。その結果、とうとう体が限界を迎え、ドクターストップとなりました。若い頃の私も同じように体調を崩した経験があり、彼の状況が痛いほどよく分かりました。目の前の仕事に突き進むばかりで周囲の助言を聞かず、自分の健康管理が後回しになっていたのです。

結果的に、繁盛していた寿司バーは、わずか9か月で閉店を余儀なくされてしまいました。

2年間の療養を経て、26歳になったデビッドは新しいビジネスパートナーと出会い、再び挑戦に出ました。彼は新しいオーナーと「Sushi《スシ》 Dojo《ドージョー》」という寿司バーを立ち上げ、大成功を収めたのです。

当時のニューヨークは、賃料の高騰により大規模なレストランの経営が非常に困難な状況にありましたが、デビッドはその制約を逆手に取り、12席のみの居酒屋や持ち帰り寿司専門店など、小さな規模の店舗展開に特化しました。この戦略が見事に当たり、どの店も連日大盛況を記録し、ニューヨークのレストラン業界で確固たる地位を築き上げたのです。この成功を機に、次々と新しい店をオープンし、その創造的なアイディアにあふれる店舗は一躍話題となりました。

しかし、デビッドに再び試練が訪れたのは2014年のことでした。この年、保健所の新たな条例により「素手で食材に触れてはならない」とされ、寿司シェフやバーテンダーにもグローブ着用が義務化されたのです。

デビッドは、伝統的な素手で握る寿司に深いリスペクトを抱いていたため、この規則にどうしても納得がいかず、監査が入ってもグローブを着用することを拒み続けました。メディアは彼の寿司バーに注目し、条例に違反するシェフとして連日報道される事態に発展しました。最終的に保健所は店に営業停止処分を下し、デビッドはオーナーから解雇を言い渡されることとなったのです。

まさにジェットコースターのような人生というべきでしょうか。順調に見えたキャリアに再び試練が訪れたのです。

しかし、そんなデビッドでしたが、彼の寿司への情熱は揺るがず、彼は新たな道を模索し続けました。

その間、ニューヨークでは日本からの投資を受けた寿司バーが次々と開店しましたが、特に目立った成功を収める店は少なく、業界は停滞しているようでした。

このような状況の中、29歳となったデビッドは再び立ち上がります。彼が着目したのは、フードトラックを使った新しいスタイルの寿司バーでした。デビッドは12貫の寿司を30分以内で食べてもらい、価格を50ドルに設定するというスピーディで手頃なサービスを考案しました。限られた席数のフードトラックでありながら、短時間で回転させるビジネスモデルとすることで、お客様を効率的に迎えることができたのです。

高級寿司バーと同レベルのよい食材を使用しつつ、価格を他店の半額以下に抑えたこの革新的なアプローチは大きな反響を呼び、メディアにも取り上げられま

ディスコをイメージした特別感のある洗練された店内。

した。SNSを通じて話題にもなり、ニューヨーク中の寿司愛好家たちが彼の寿司を味わいに集まるようになったのです。この新しい挑戦を通じて、デビッドは寿司業界に再びその名を刻むこととなったのです。

その後、新しいビジネスパートナーと出会い、彼との共同経営で「SUSHI《スシ》 BY《バイ》 BOU《ブー》」をスタート。前述の通り、デビッドは現在22店舗を展開しています。さらには、ホテルとのコラボレーションで、ホテルの空室を寿司バーとして活用する新しいアイデアも導入しました。デビッドは賃料無料で店舗が持て、ホテル側も売上のシェアがあり、ウィンウィンのビジネスモデルを実現させました。

さて、そんなデビッドですが、今、彼が新たに興味を持っているのは、私と同じく寿司の「指導」の道です。彼は、日本のローカルな食文化を世界に広める私の新しいＮＰＯ「ＣＣＣ」（詳細は第6章へ）の活動にも積極的に参加してくれています。

デビッドの情熱は、寿司を世界中に広めるだけでなく、次世代の寿司シェフの育成にも向けられており、私にとっても、とても頼もしい存在です。彼のこれからのさらなる活躍が、ますます楽しみでなりません。

右・モダンで遊び心たっぷりの内装からは想像できない、本格的な寿司が楽しめるところが人気。
上・デビッドと著者。

Kyle Connaughton
国籍：アメリカ
農場、レストラン、ホテルが一体となった高級レストラン
「SingleThread」を経営。ミシュラン三つ星を獲得
https://singlethreadfarms.com/
@singlethreadfarms

卒業生紹介⑨

レストラン開店2年目でミシュラン三つ星を獲得したカイル

スシ・シェフ・インスティチュートを立ち上げる前、別の学校で教えていた頃の教え子、カイル・コノートンをご紹介したいと思います。彼もまた、私にとって大切な生徒のひとりです。

カイルはすでに数年のシェフ経験を積み、25歳という若さでパサデナにあるル・コルドン・ブルー（1895年パリで設立された料理教育機関）の講師を務めていました。当時、フランス料理を教える一方で、寿司学校にも通っていたのです。

印象に残っているのは、握りの実習に入ったときの彼の言葉でした。授業が進み、日本料理の基本を学び、天ぷらや煮物、シャリの炊き方を学んで、いよいよ握りの実習が始まったとき、カイルは感慨に浸り、目を輝かせながらこう言いました。

「僕はこの瞬間を9歳の時から夢見ていたんです。いつか必ず寿司シェフになるんだって」

カイルの両親はスポーツ用品の輸出会社を営んでおり、１９６４年の東京オリンピックに合わせて日本市場に製品を売り込むため、頻繁に日本を訪れていたそうです。彼はそのたびに両親から日本の話を聞き、次第に日本に強い憧れを抱くようになりました。そして、９歳のときに初めて寿司を口にした瞬間、その感動が彼の未来を決定づけたのです。「いつか自分も寿司シェフになる」と心に誓ったのだそうです。

握りの実習は、そんな彼の長年の夢が現実になりはじめる瞬間でした。すでにシェフとしての心得を持つ彼は、寿司の技術をどんどん吸収し、みるみる腕を上げていきました。それにつれて、彼の日本への憧れもますます強くなり、いつか本物の日本を体験したいという思いがさらに深まっていきました。

そこで私は、以前から温めていた「日本の食文化体験ツアー」をカイルに提案しました。このツアーは、日本各地を巡りながら本場の日本食文化に触れるものでした。カイルは即座に参加を決め、さらに準備の段階から積極的に手伝ってくれました。

ツアーには私とカイル、そしてもう1人の寿司シェフが参加し、東京、名古屋、京都、大阪、そして私の故郷である兵庫を1週間かけて回りました。ロサンゼルスを出発し、まずは東京に到着。カイルにとっては初めての日本ということで、到着早々から興奮を隠しきれない様子でした。ホテルにチェックインするなり地下鉄に飛び乗り、さまざまな場所を訪れていました。特に彼が感激していたのが「デパ地下」です。まるでディズニーランドに来た子どものように、試食を楽しんだり、色とりどりの品々に目を輝かせたりと、すべてが感動そのものといった様子でした。

次に訪れた名古屋では、寿司シェフにとって外せない聖地であるミツカン本社を訪ねました。酢づくりの歴史についての博物館や工場を見学し、新商品についても説明を受けるなど、カイルにとって非常に貴重な経験となりました。

さらに西へ進み、古都・京都へ足を運んだ時には、カイルの興奮もピークに達しました。彼は以前から京都に憧れを抱いており、わずか一泊の滞在にも関わらず、清水寺や知恩院などの名所を熱心に巡っていました。その様子はまるで何かに取り憑かれているかのようで、突然、

「もうここから動きたくない！アメリカには帰りたくない！」

と真剣に言い出したのです。カイルは本気で京都に住みたいと言い、アパートまで探し出しそうな勢いでした。そんな事態を予想していたのでしょうか。実は、出発前にカイルの奥さんから「どうか彼を必ずアメリカに連れ帰ってください」と私は頼まれていました。奥さんはカイルの日本好きが行き過ぎることを心配していたのです。なんとか説得し、無事に帰国させることができましたが、その時のことを思い出すと今でも冷や汗が出るほどです。とはいえ、カイルもアメリカ人らしい一面があり、このツアー中、どの都市でも休憩はスターバックスを利用し、時にはマクドナルドでランチを取るなど、少しほっとする瞬間もありました。

日本食が大好きな彼も、

「さすがに三食日本食の生活は厳しい」
と笑って言った時は、安心したものでした。

最後に訪れたのは、私の出身地である兵庫県です。私たちは神戸の六甲山に向かい、私の兄と共同で企画したチャリティイベントを開催しました。このイベントには、神戸の震災で孤児となった70名の子どもたちを招待し、私たちと地元の寿司シェフたちが協力して寿司を振る舞いました。六甲山から子どもたちと一緒に眺めた「百万ドルの夜景」は、今でも心に残る美しい思い出です。

その翌日は、私の実家の近くにある神戸牛の飼育会社を訪問し、神戸牛の魅力を学びました。その後、神戸牛を仕入れ、実家のレストランで調理し、アメリカ牛との食感や味の違いをじっくり味わいました。

この1週間にわたる日本食文化を巡る旅は、カイルにとって非常に大きなインパクトを与えたようです。この経験で日本への憧れがさらに高まり、彼はついには短期移住を決意しました。彼から相談を受けて紹介したのは、北海道にあるミシュラン二つ星レストラン「ミシェル・ブラストーヤ ジャポン」での2年間のインターンシップ。奥さんと2人の子どもも一緒に日本に移住し、彼はそこで日本料理をさらに本格的に学びました。この経験は彼の人生を大きく変え、彼を日本食の分野で一流の知識と経験を持つシェフへと成長させました。今や、彼以上に日本の食文化に詳しいアメリカ人シェフは、世界中を探してもごくわずかでしょう。

その後も彼の料理への情熱は止まることなく、今度はロンドンの有名な創作料理店でメインシェフとして2年間活躍しました。ここでは、洋食と和食を融合させた近代的で革新的なメニューを提供し、ロンドンのグルメたちを驚かせ、唸らせたのです。彼の料理は、各国の食文化が融合し新たな魅力を生む「食の進化」の象徴とも言えるものでした。

海外での4年間の経験を経て、カイルはカリフォルニアへと戻ってきました。彼が拠点として選んだ場所は、美食家たちが集まるナパバレー。多くのワイナリーが広がるこの地で、彼は世界最高峰の料理大学とされるザ・カリナリー・インスティテュート・オブ・アメリカ（ＣＩＡ）のアドバイザーとして活動しつつ、自身のプロジェクトにも着手しました。まず彼が取り組んだのは、オーガニック素材を提供するための農場の開設でした。さらに、沿岸部に足を運び水産物の調査も行い、ついには隣町のソノマ市に、和洋の素材を見事に融合させた創作料理のレストラン「ＳＩＮＧＬＥ《シングル》　ＴＨＲＥＡＤ《スレッド》」をオープンさせました。

私とカイルが出会ってから約20年、彼は一歩ずつ着実にキャリアを積み重ね、ついに夢だった自分の店を持つまでに至ったのです。その堅実な歩みが形となり、お店は開店からわずか2年でミシュランの三つ星を獲得。瞬く間に予約が難しい超人気店となりました。さらに２０２４年には「世界トップ１００レストラン」にも選ばれるなど、目覚ましい成功を遂げました。この知らせを聞いた時には、ただただ感動で胸がいっぱいになりました。

ある日、妻と2人でカイルのレストランをサプライズ訪問した時、彼は本当に驚いた様子でしたが、忙しい中でもスタッフ全員に

「先生です」

と親しみを込めて紹介してくれました。その後、カイルの心のこもったおもて

なしが始まりました。3時間にも及ぶ素晴らしい料理の数々には、一つひとつに彼の思いと丁寧さが感じられ、忘れがたいひとときとなりました。

上・24エーカーの農場から供給される季節の食材を使った料理にはその食材を活かしたストーリーが丁寧に織り込まれている。中・料理は日本の懐石料理にインスパイアされた、オマカセのコーススタイルで提供される。下・サプライズで訪れた著者とカイル。

私がスシ・シェフ・インスティチュートを立ち上げたばかりの頃、カイルが講師をしていたル・コルドン・ブルーで寿司のデモンストレーションを行う機会をいただきました。その時の縁がきっかけとなり、私は同校の講師たちに寿司の指導をするチャンスを得ました。数年間で30名以上の講師を指導したことは、私にとって大変貴重な経験となりました。

寿司を教える時に何よりも大切にしてきたのは「心の指導」でした。上から考えを押し付ける指導ではなく、自分の体験を「シェアする」という分かち合いの考えで指導することを心がけていました。シェフたちが指導者として教える際に生じる迷いや戸惑いを少しでも和らげるために、私自身の失敗談や自然の恵みに対する感謝の気持ちも率直に伝えてきました。その思いは多くのシェフたちに共感され、今も彼らと食文化について語り合える関係が続いています。

カイルのような素晴らしい人物を生徒、そして友人として持てたことは、私にとって大きな喜びであり心からの誇りです。

必要なものは「勇気」「夢を諦めない心」「挑戦する精神」

これまでに紹介してきた9名の卒業生の物語を通じて、スシ・シェフ・インスティチュートが輩出してきた多くの寿司シェフたちの物語を垣間見ていただけたかと思います。当校の卒業生たちは、今では世界各地で寿司バーをオープンし、それぞれの土地で成功を収めています。彼らは卒業後も学びを続け、寿司の知識と技術を磨き続け、最終的には自分の店を持つという夢を次々と実現しているのです。

生徒たちの中には、歯科技工士から転身した生徒や、70歳のリタイア後に新たに寿司の道に挑戦した生徒、また、聴覚障害を超えて夢を追い、学んだ生徒もいました。中南米やアジアの経済的に厳しい環境から夢を目指してやってきた生徒も少なくありません。日本を飛び出し、学びに来た生徒ももちろんたくさんいます。彼らは当校で学び、寿司シェフとしての技術を身に付けることで安定した生活を手に入れ、家族を養い、家を建て、そして最終的には自分のお店を持つまでに成長しています。これまで本当にたくさんの生徒が、人生の新たな一歩を踏み出し、それぞれの道で活躍しているのです。

2002年の学校設立以来、私はその生徒たちのドラマを見守ってきました。成功の形は人それぞれですが、彼らに共通しているのは「夢を行動に移した」こと。それが夢を夢物語で終わらせず、実現するための唯一の方法なのです。

年齢や経験、そして今の境遇を「できない理由」にしてしまう人がいます。でも、我が校、スシ・シェフ・インスティチュートでは、それらは何の障害にもなりません。それを断言できるのは、実際にさまざまな環境から来た幅広い年齢層の人たちが未経験からスタートし、見事に成功をつかんでいく姿を見届けてきたからです。

ただし、成功には「努力」が不可欠ということを忘れてはなりません。学校に入れば誰もが成功するという甘い話ではなく、成功するためには、一生懸命学び、技術を磨く努力と真剣さが必要です。残念ながら、中には裕福な人ほど欠席が多かったり、真剣さを欠く人もいます。どれだけ寿司業界にチャンスがあっても、そんな姿勢では成功は遠いのです。

成功するために最も大切なのは「勇気」「夢を諦めない心」「挑戦する精神」です。新しい挑戦には誰でも恐れを抱きます。若い世代はもちろん、家族を持つ人や50代、60代を過ぎた人にとっても、新しい挑戦は簡単ではありません。人は現状維持の方が安全だと思ってしまうものです。

しかし、勇気を持って挑戦した者にしか見えない景色があります。年齢や境遇は関係ありません。勇気を持って一歩踏み出した人を、運命は決して拒まないのです。勇気を持って前に進み、全力で学び続ける姿勢があれば、成功への道は必ず開けます。私にとって、卒業生たちがその道を切り開き、夢を叶えていく姿を見ることが、今の何よりの喜びです。

第6章

日本の食文化を伝える天命

日本の食文化の普及に貢献したい

日本の食文化を広めるための種蒔き

私はこれまで、ここではご紹介しきれないほど、さまざまな文化施設とのコラボレーションで、たくさんの寿司のデモンストレーションを行ってきました。スシ・シェフ・インスティチュート開校当初は、知名度のない学校を知ってもらうためという目的もあって、日本食のイベントに積極的に参加し、学校の存在を広める努力を続けました。おかげさまでメディアに取り上げられたり、SNSでも拡散されるようになりましたが、今でも寿司の美味しさと日本食の魅力をできるかぎり多くの人に伝えるため、時間があればデモンストレーションを行うようにしています。

そんなイベントの中でも、毎年春に開催されるモントレーパーク市の桜祭りでのデモンストレーションは思い出深いものとなっています。このイベントは、40年以上の歴史を持ち、ロサンゼルスの日系人コミュニティにとっては、日本の象徴である桜を愛でる大切な機会となっています。もちろん、日系人だけでなく多くのアメリカ人家族も参加します。

２００４年、この桜祭りでの寿司のデモンストレーションの依頼を受けた時、私は迷わず「イエス」と答えました。この地域の多文化共生の象徴である桜祭りに参加でき、日本文化の普及に貢献できることを非常に嬉しく思いました。

この桜祭りのデモンストレーションが終わった後、私はある夫人に声をかけられました。彼女はロサンゼルスの公立図書館の館長で、

「図書館でも、寿司のデモンストレーションをやってみませんか？」

という提案をいただいたのです。最初は「図書館で寿司？」と驚きましたが、よく考えるととてもユニークなアイデアだと思いました。図書館には日本文化に関する書籍があり、もちろん寿司の本もあります。日本に興味を持つ利用者も多くいらっしゃるはずです。アメリカでは寿司は日本の伝統文化の一部として学ぶ対象であり、図書館という学びの場で、実際に寿司に触れる機会を提供しようと

いう試みに、私は共感しました。そして、そんな場所で日本の素晴らしさをアピールできることに喜びを感じました。

ロサンゼルスの公共施設でイベントを行うには認可が必要で、申請には何種類もの書類を準備し、許可が下りるまで1年もかかる苦労もありました。しかし、ようやく許可証が取れてイベントを実施してみると、寿司のデモンストレーションは大好評。その反響の大きさを知った他の公立図書館からも依頼が来るようになり、おかげさまで今では図書館だけでも年間10回以上のデモンストレーションを行っています。

大きな図書館から小さな図書館まで、会場も集まる人々もさまざまです。寿司を見たことも、食べたこともない人もいます。そして、私にとっては、日本の寿司文化を肌で感じられる貴重な体験です。彼らにとっては、そんな方々に本当の寿司の魅力を知ってもらえる得難い機会なのです。

特に子どもたちは「日本の文化」、「寿司」と言葉で言って理解できるわけもなく、また、じっと座っていることもありません。しかし、いざデモンストレーションが始まり、花や動物をモチーフにした祭り巻きやフルーツの飾り切りを見せる

ロサンゼルスの公立図書館で寿司のデモンストレーションをする著者。

図書館以外にも、小学校で寿司のデモンストレーションを行うことも。

と、子どもたちは皆釘付けになり、熱心に私の手の動きを見てくれます。そして初めて食べる寿司の美味しさに目を丸くして驚きます。寿司シェフの立ち居振る舞いと寿司を目で楽しんで、味わう子どもたち。将来の寿司愛好家の誕生を私は微笑ましく見ています。

私は、この地道な日本の食文化の普及活動を、いつまでも続けていこうと思っています。私自身の使命でもある寿司教育の原点が、ここにあるようにも思っているからです。

世界を巡り実感する日本食人気

少し前の話ですが、学校を始めて約10年が経った頃、あるフィリピン人の姉妹がスシ・シェフ・インスティチュートを見学に訪れました。姉はロサンゼルスの南にあるオレンジ・カウンティーに住んでいて、妹はマニラからの訪問者でした。話を聞くと、妹はマニラで最も有名な料理学校の主任講師で、日本食がブームになりつつある中、短期の講師を探しているとのことでした。そして私に一度マニラに来てくれないかとの相談でした。英語で本格的な寿司や日本食を指導できる人はなかなか見つからないため、私に白羽の矢が立ったのです。その年の秋にちょうど台湾に行く予定があったので、私はマニラを訪れることにしました。

マニラの歴史ある料理学校ＣＣＡは、400人の生徒を抱える大きな料理学校でした。そこで寿司のデモンストレーションや2日間のグループレッスンを行うことになりました。寿司デモンストレーションでは、80席あるキッチンクラスに20席の立見席を追加して大盛況でした。フィリピンでは英語で授業ができるため、グループレッスンもスムーズに進行し、あっと言う間の2日間でしたが、私はとても大きな手応えを感じました。

海外での経験が増えるにつれ、寿司をはじめとする日本の食文化、食材に対する興味の高まりと、寿司シェフの需要が急増していることを改めて実感しています。世界中どこに行っても、日本食があります。香港、上海、台湾、フィリピン、タイ、カナダ、デンマーク、スウェーデン、パリ、バルセロナ、アメリカのニューヨークやサンフランシスコからマイアミ、シアトルからサンディエゴまで。本当にどの都市にも日本食があります。しかし、そのクオリティは日本人が満足できるほどのものは正直なところ珍しい。それは決して誰かの責任ではなく、作り手も食べる側も学ぶ機会がないことが原因です。

私が行っている、あらゆるデモンストレーションやイベントは、日本食文化を誤解のないように世に広めるための種蒔きなのです。多くのシェフや一般の方々に寿司のデモンストレーションを行い、試食を通じてその奥深さを感じてもらう、この伝道の繰り返しが私にとって大切な日々の積み重ねです。そして、今ではこれが私の人生の生きる道であると確信しています。

高級クルーズ船の名誉あるポジションに

当校が飛躍的に成長した2015年、ホーランド・アメリカ・ラインという高級クルーズ船を運航する会社から、4名のトップシェフ向けに1週間のプライベートクラスを依頼されました。ホーランド・アメリカ・ラインと言えば創業

145年以上の歴史があり、料理やサービスにも定評があって、グルメに力を入れたプレミアムなクルーズとして有名です。そんなクルーズ船のトップシェフですから、超一流の地位を築いているシェフたち。そんな方々に料理を教えることは、例えればハーバード大学の語学の教授に日本語をレクチャーするようなものです。この難しい依頼に、最初は躊躇しましたが、こちらは日本文化のスペシャリスト。彼らには未知の分野である日本の寿司文化を教えることに意義を感じ、オファーを受けることにしました。

1週間という短期間の指導で教えたのは、スシ・シェフ・インスティチュートでも教えている寿司の基本。寿司飯作り、魚の仕込み、握り、巻物などの基本中の基本です。最初は彼らも手こずっていましたが、さすがに経験豊富な一流シェフたちです。要領を理解すれば対応は早く、なんとか目標を達成することができました。

クラスの最終日、メインシェフから、

「クルーズでお客様に寿司のデモンストレーションをしてみませんか？」

と提案されました。バンクーバーからアラスカを巡る1週間のクルーズで寿司

上・ホーランド・アメリカ・ラインのクルーズ船。左・船の中とは思えないホールにて行った寿司のデモンストレーション。

を披露する機会を提供してくれたのです。ホーランド・アメリカ・ラインという一流の高級クルーズでの仕事は考えたこともなかったので、実際にそのタラップを登ってデッキに上がった時は夢の中にいるような心地でした。

デモンストレーションの舞台は、まさにテレビで見るキッチン・スタジアムのようなオープンキッチン。披露したのは寿司作りとフルーツの飾り切り。動きにアクセントをつけて演出したこともあって、観客は息を飲むように私の動きを見つめ、観衆ばかりかスタッフ一同からも喝采を浴びて、大反響をいただきました。

その後、ハイライトとなる試食コーナーが始まりました。その数、なんと200人分。乗客の皆様に寿司と天ぷらを提供しました。当日は朝6時から仕込みを行い準備していたとはいえ、さすがに焦りがなかったと言えば嘘になります。なかなかのチャレンジでしたが、しかし、修行時代に培った握りのスピードには自信があり、なんとか無事に皆様に寿司の試食を提供することができました。

このことがきっかけで、ホーランド・アメリカ・ラインと2年の契約を結ぶことになり、同社の豪華客船16隻の日本食を改善するコンサルタントのポジションとなって、船内のシェフたちの指導を行いました。

さらには、これらの豪華客船16隻のすべての調理の監督をするカリナリー・カウンシルという、世界中から7名だけ選ばれるシェフの一員となったのです。また、さらに「NAMI《ナミ》 SUSHI《スシ》」という私のシグネチャー（看板）となる寿司バーをクルーズ船内にオープンする機会もいただきました。世

世界で7名だけのカリナリー・カウンシルの1人に選ばれた著者。

界のシェフの憧れのポジションに任命されたことは、私にとって大きな自信にもなりましたし、励みにもなりました。

ホーランド・アメリカ・ラインでの仕事を通じて、プロのシェフの方々にも認知され、寿司シェフのポジションで世界の有名シェフたちと肩を並べられたことが、私にとって一番価値のあることでした。「寿司が世界に認められた」という手応えを感じたのです。

2000人の卒業生に、より深い学びを提供したい

スシ・シェフ・インスティチュートを開校して20年目を迎えた2022年、私は新たな挑戦に踏み出しました。この大切な節目に、より一層の日本文化の伝承を目指し、新たなプロジェクトに着手したのです。これまでに私の寿司学校を卒業していった2000人以上の卒業生たちに、さらに深く日本の食材を知ってもらい、彼らを通じて日本の料理や食文化を世界へ広めていこうという取り組みとして、NPO法人「カリナリー・カルチャー・コネクションズ※（CCC）」

※ Culinary Culture Connections https://ccc-npo.org/

を設立しました。

日本は、山々と海に囲まれ、四季が巡ることで多種多様な食材の宝庫となっています。地方にはまだ世界に知られていない魚介、野菜、果物、そして特産品が数多く存在します。しかし、それらが世界に発信されず埋もれたままになってしまっていることが、非常に残念でなりませんでした。私が日本で働いていた頃、当たり前のように手に入っていた素晴らしい食材が、ここアメリカでは入手困難であり、また、日本でも市場に出回らないことで忘れられつつある文化がります。こういったことは日本のみならず、世界各国で起きていることでしょう。非常にもったいないことです。

そこで、私の使命として、寿司の基本を学んで独立していった卒業生たちがより深く日本の食文化を知って、各地の食材の魅力を直接体験できる機会を提供したいと考えたのです。そして、彼らを通じて、その美味しさや魅力を世界に伝えていってもらいたいのです。

日本がアメリカに比べて小さな国だと言っても、もちろん、私ひとりでは成し遂げられないプロジェクトです。そこで、2人の優秀な人材に協力をお願いしました。広報を担当するのはSNSを通じてつながった寺田君で、彼は登録者数220万人のユーチューバーとして活躍しています。元々は寿司シェフとして働いていましたが、寿司に関する動画が人気となり、現在はユーチューブが主な活動の場となっています。もう1人はアメリカ生まれの元木さんで日本食品の会社にお勤めです。チケットの手配や旅館の予約など、実務の面を担当してくれています。この3人でタッグを組み、プロジェクトを進行しています。

2023年秋に行った最初のプログラムでは、1週間のスケジュールで高知、岡山、兵庫、京都、大阪を訪れました。寺田君は高知県観光特使を務めており、高知のワラ焼き鰹のハマヤさん、茗荷の谷農園さん、加えて地元のレストランや料理学校の訪問など、特に地域の方々との交流を深めることができました。岡山ではトレハ®のナガセヴィータさん、兵庫の白鶴酒造さんでは杜氏の仕事ぶりを見学し、神戸牛もいただきました。京都では「菊の井」さんで一流の懐石料理を堪能しました。大阪の堺では堺刃物ミュージアムを訪れ、その他多くの日本の伝

右・高知のハマヤのワラ焼き鰹の工房を訪れたメンバー。
左・懐石料理の最高峰として有名な、京都の「菊の井」さんにて。

統的な食文化に触れました。

２０２４年春には九州を中心にプログラムを組み、宮崎の和牛飼育見学、鹿児島では国分酒造さんの焼酎蔵見学と鹿児島牛、薩摩切子の工房見学、そして西郷隆盛らが愛した高級旅館「数寄の宿野鶴亭《やかくてい》」さんにも宿泊しました。熊本ではフンドーダイ醤油さんの醤油蔵、福岡では八女でのお茶栽培見学、西吉田酒造さんの麦焼酎、そして長浜鮮魚市場を訪れました。

２０２４年秋には北陸を中心に回り、石川では金沢市民の台所と言われる大口水産さん、富山では新湊漁港、岐阜の高山では大王わさび農場さん訪問と蕎麦打ち、同じく岐阜の関では刃物屋三秀 関刃物ミュージアムを訪問。飛騨牛、鰻なども味わいました。食の他にも兼六園を訪れたり陶芸体験もプログラムに組み込み、広く日本の文化を体験してもらいました。

プログラムの間、宿には日本旅館を選び、温泉や部屋食を体験してもらいました。温泉に浸かった後、戻った部屋にすでに布団が敷かれていることや、日本特有のおもてなしの心が、彼らにとっては大きなカルチャーショックだったようです。日本の旅館ならではの細やかなサービスと、伝統的なもてなし文化を肌で感じられたことが、彼らの印象に強く残ったようでした。

一般的な観光旅行では、見聞は表面的なものになってしまいますが、CCCが提供するプログラムは、日本食のプロとして活躍する卒業生たちが関心のある食文化の深いところにまでアクセスすることができます。彼らがこのCCCのプログラムに参加して深い感動を得られるのは、やはりスシ・シェフ・インスティチュートで寿司や日本の食文化の基本をしっかりと学び、理解しているからこそです。基礎を持った上で日本に来て、地域の食材や文化に触れることで初めて、その複雑な味わいや価値、そしてその背後にある意義に気づくことができるのです。プログラムで得た味覚の感動とインパクトから、きっとまた一つ、新たなメニューが生まれ、日本食が世界に広がっていってくれることでしょう。

日本の地域の助けになりたい

一方で、このプログラムを通じて彼らを迎え入れてくださる日本の食品会社や生産者にとっても、大きなメリットがあります。参加する卒業生の中には、一流シェフや有名レストランの経営者もいます。ただ食材や商品を知ってもらうだけでなく、彼らが実際にそれらをお店のメニューに取り入れることで、具体的な販路拡大の可能性が広がります。

特に、日本の食材はその土地ならではの特性が豊かで、海外のシェフたちにとっても、他にはない独自性をメニューに反映できるという点が大きな魅力となります。日本の新しい食材や高品質な食材を取り扱うことが、一流シェフたちにとっても他のレストランとの差別化や、ブランド力を強化する要因ともなるのです。それは、ひいては現地での日本食文化の普及にも大きく寄与します。例えば、レストランで提供された日本の食材は、現地の消費者にも認知され、結果として需要が高まることが期待されます。これにより、日本の地方産品が国際的な市場において注目を集めるようになるのです。

このように、参加するシェフたちにとっては新たなインスピレーションを得る貴重な機会であると同時に、受け入れ側の日本のメーカーや生産者、地方自治体にとっても、海外市場へのアクセス拡大とブランドの強化という大きなメリットを得られる、まさに双方にとってウィンウィンの関係が生まれるプログラムなのです。この相互の協力関係を通じて、地方の食材や伝統的な技術が世界に広がり、日本の食文化全体の価値を一層高めることができると確信しています。

「日本食の普及親善大使」を拝命

2019年3月、大変名誉なことに、私は日本の農林水産省から「日本食の普及親善大使」の称号を授与されました。

この任命は、海外における日本食・食文化の普及をさらに進めることを目的として、2015年に始まり、ロサンゼルスではNOBUの松久さんに続いて2

著者が「日本食の普及親善大使」に任命された時の授与式。

人目となりました。

それは20年以上にわたってロサンゼルスで寿司学校「スシ・シェフ・インスティチュート」を経営し続け、世界中からこのロサンゼルスに修行に来る人たちに日本の食文化を伝承し、日本食の普及に寄与するシェフの養成という功績が認められたものでした。また、日本食のイベントや展示会、図書館での寿司のデモンストレーション活動などを通じて、世界に寿司文化の紹介を行ってきたことも評価されての授与だったと、私は理解しています。

授与式には、在ロサンゼルス日本国総領事館の松尾総領事代理にご臨席いただき、生徒たちと共にささやかなセレモニーを行いました。私の「寿司人生」が、このような形で日本政府から認められたことは私の誇りです。関係者の方々には感謝しかありません。

日本食を普及するために何をしなければならないか

は、海外にいれば容易に想像できます。世界には約18万7000軒の日本食レストランがあり、さまざまな国籍、人種のシェフが働いています。そして今、寿司のブームは世界中を席巻しています。その多くの経営者たちは寿司の基本をきちんと身に付けた寿司シェフを求めているのです。

これから寿司は大都市だけでなく、世界中の小さな町にいたるまで普及していくでしょう。そんなニーズに少しでも貢献できるように、親善大使の任命にふさわしい活動をこれからも心がけて行こうと肝に命じています。

日本食の魅力は、その味や美しさだけではありません。寿司シェフたちは、見えない部分にも多く技術と努力を注ぎ込んでいます。食材の選び方にはじまり、そして食べる人への心配りまで、すべてが「おもてなし」の心に基づいています。私自身も茶道を学ぶ中で、「和の文化」が持つ深い意味を発見し、和食の大切さをさらに理解しました。

和食の学びは、単に料理の技術を習得するだけでなく、礼節や思いやりといった人間形成にも大きく寄与します。この精神は、人々の調和を促し、結果的に世界平和に貢献する力を持っていると信じています。だからこそ、和食を学び、その心を次世代に伝えることは、非常に意義深いことなのです。和の心は平和への道筋であり、それを理解することが、より良い社会を築く一歩となる。これは大袈裟なことではありません。

最後となりますが、これまでに２０００人以上の当校の卒業生が寿司という技術を手にし、世界各都市で自分のお店を持ったり、有名レストランで仕事をしています。本当に素晴らしいことです。日本食を誤解なく、正しく伝承していくために、世界中にそんな仲間がいることが本当に私の宝です。私１人でなし得ないことも、家族の理解とサポートがあり、そしてこの仲間がいるからこそ、できるのです。そういったネットワークを築くことができたことに感謝し、この宝たちがさらに日本食を世界に伝えていってくれることが何より嬉しいです。

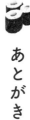

あとがき

ある時、当校に読売テレビの番組「グッと！地球便」が訪れ、3日間にわたり私の日常や授業の様子を丁寧に取材していただきました。最終日の撮影が終わる頃、取材班が日本から大事に届けてくれたのは、見覚えのある懐かしい姿の鯖の棒寿司でした。鯖の棒寿司は、父が特別な思いを込めていつも作ってくれていたものでした。それを亡き父に代わり、兄がその思いを引き継いで手作りし、私のために送ってくれたのです。今でもあの瞬間を思い出すと、胸が熱くなり、涙がこぼれそうになります。

酢でしっかり締められた鯖に、隠し味の柚子の香り、甘めの寿司飯との絶妙なハーモニーが、心の奥に深い感動をもたらしました。日本から遠く離れたロサンゼルスであっても、鯖の棒寿司を一口、また一口と食べるたびに、父の笑顔や温かい言葉が心の中に蘇《よみがえ》り、まるで彼が側にいるかのようでした。鯖の棒寿司から時間と場所を超えて父の深い愛情が直接伝わってくるように感じたのです。

兄からの手紙には、父が私の活躍をいつも誇りに思ってくれていたことなどが綴《つづ》られていました。その手紙からは、兄も父の愛情をしっかりと受け継いでいるのだと強く感じ、この鯖の棒寿司を通して兄の想いも深く伝わってきました。

私はこのエピソードから、料理とは、単なる食事を超え、心を通わせ、思い出を共有する架け橋でもあることを教わりました。私の使命は、このように心温まる寿司、そして人々に感動を与える寿司を作れる寿司シェフを育てることだと、強く心に刻んでいます。

私はこれからも、日本の素晴らしい食材や文化を世界に伝えるため、全力を尽くしていきます。そして、寿司を通じて、皆さんにも愛情や家族の絆、そして日本の食文化の豊かさを感じていただけたらと願っています。私の心の中にある思いを、未来の寿司シェフたちに託し、一緒にこの素晴らしい寿司の文化を広めていくことが私の夢です。

どうか皆さんも夢を持って、そしてその夢に向かって真剣に歩んでください。夢を実現してほしいと思います。成功の反対は、何もしないこと。見ているだけではなく夢を実現するのは「行動すること」のみなのです。すべては一足跳びにはいきません。けれどもほんの少しずつでもいい。夢に向けて準備をし、しっかりと一歩ずつ行動することです。

そして何があっても諦めないこと。「ネバー・ギブアップ」です。夢は叶います。それは、叶うまで諦めない心の強さにかかっています。

私の役割は、あなたがその夢を現実に導くための手助けをすることです。あなたの夢の実現を共に目指し、全力でサポートします。あなたの夢が叶う瞬間を一緒に迎えられることを心から楽しみにしています。皆さんの情熱が、未来を切り開く力になることを信じています。

アンディ松田

■ アンディ松田　Andy Matsuda

1956年7月兵庫県生まれ。20歳の時に、世界の寿司事情を自分の目で見たいと、バックパックでアメリカ、カナダ、ヨーロッパ等16か国を巡り、ロサンゼルスの寿司市場が最も進んでいると知る。そして、国内で寿司職人として修行後、25歳で渡米。その後アメリカでの寿司シェフ不足の現実を知り、寿司学校の必然性を感じ2002年にスシ・シェフ・インスティチュートを設立。2007年「世界が誇る100人の日本人（ニューズウィーク日本版）」に選出。2019年に農林水産省「日本食の普及親善大使」に任命。

■Sushi Chef Institute
　スシ・シェフ・インスティチュート

Sushi Chef Institute

カリフォルニア州ロサンゼルスにある寿司シェフ養成学校。これまで、アメリカ、オランダ、デンマーク、香港、台湾、アルゼンチン、日本など、35か国2000人以上の卒業生を輩出。「日本の伝統的な料理のスキルと知識の本質を世界に伝えること」を使命とし、人材育成に限らず、寿司のケータリングサービスやワークショップ、卒業生などの出店サポート・コンサルタントなど、日本の伝統的な寿司に関する育成と普及を展開している。

https://sushischool.net/

Instagram
@sushichefinstitute

Facebook
@sushichefinstitute

X
@SushiChefInst

YouTube
@chefandymatsuda

世界で勝負するなら
ロサンゼルスで寿司を学べ！

2カ月で人生を変える方法

2025年2月28日　第1刷

著　　者：　アンディ松田

発 行 人：　植田紘栄志
発 行 所：　株式会社ミチコーポレーション　ぞうさん出版事業部
〒731-2431　広島県山県郡北広島町荒神原201
電話：0826-35-1324　FAX：0826-35-1325

編集・デザイン：　鬼丸みえ
装画・挿絵：　ふかせゆーすけ
協　　力：　石井綾、植田ひより、植田裕朗、大橋友和、
岡本照子、北山史織、小島ミチ、野中茂雄、
藤井信幸、藤森聡、槇尾明子、三浦明子、
村井雄之輔、Setsu Matsuda

印刷・製本：　株式会社シナノパブリッシングプレス

ISBN 978-4-911373-00-2　C0095

zousan BOOKS

ぞうさん出版 既刊本

昆虫食ガール 狩猟女子 里山移住の成長記録
いただきますの山
著者：東元理恵

「今殺してしまうんだったら、私、もう少し大きくして食べます」人間が勝手に連れてきて、ほんの数日だけ可愛がって、そのまま捨ててしまいそうになっている私たちの行動が、心に引っかかった。（本文より）
幼稚園の先生から猟師へ!! 虫を料理し、猪を獲り、パンを焼く。自然・生き物への愛情と、複雑な若者の気持ちをちょっと変わった食生活とともに、みずみずしく描写した青春物語！
定価：1500円＋税・四六判 並製 285ページ

ぞうさん出版　新刊

2025年
初旬
出版決定!

何くそ！ライゾウさん
僕のオヤジの負けない物語
著者：岡崎磊造、岡崎マサアキ

難病に倒れたオヤジは言った。

「コレを、本にして売れ！」

その言葉が家族を変え、地域を沸かせた。

熊野町の名物料理店が語る、笑いと涙と逆転の人生ドラマ！どんな時代でも自分らしく生きるヒントや、夢をあきらめない勇気を得られます。超高齢社会を生き抜く、すべての人のためのバイブル。

定価：1800円＋税・B6判 並製 300ページ

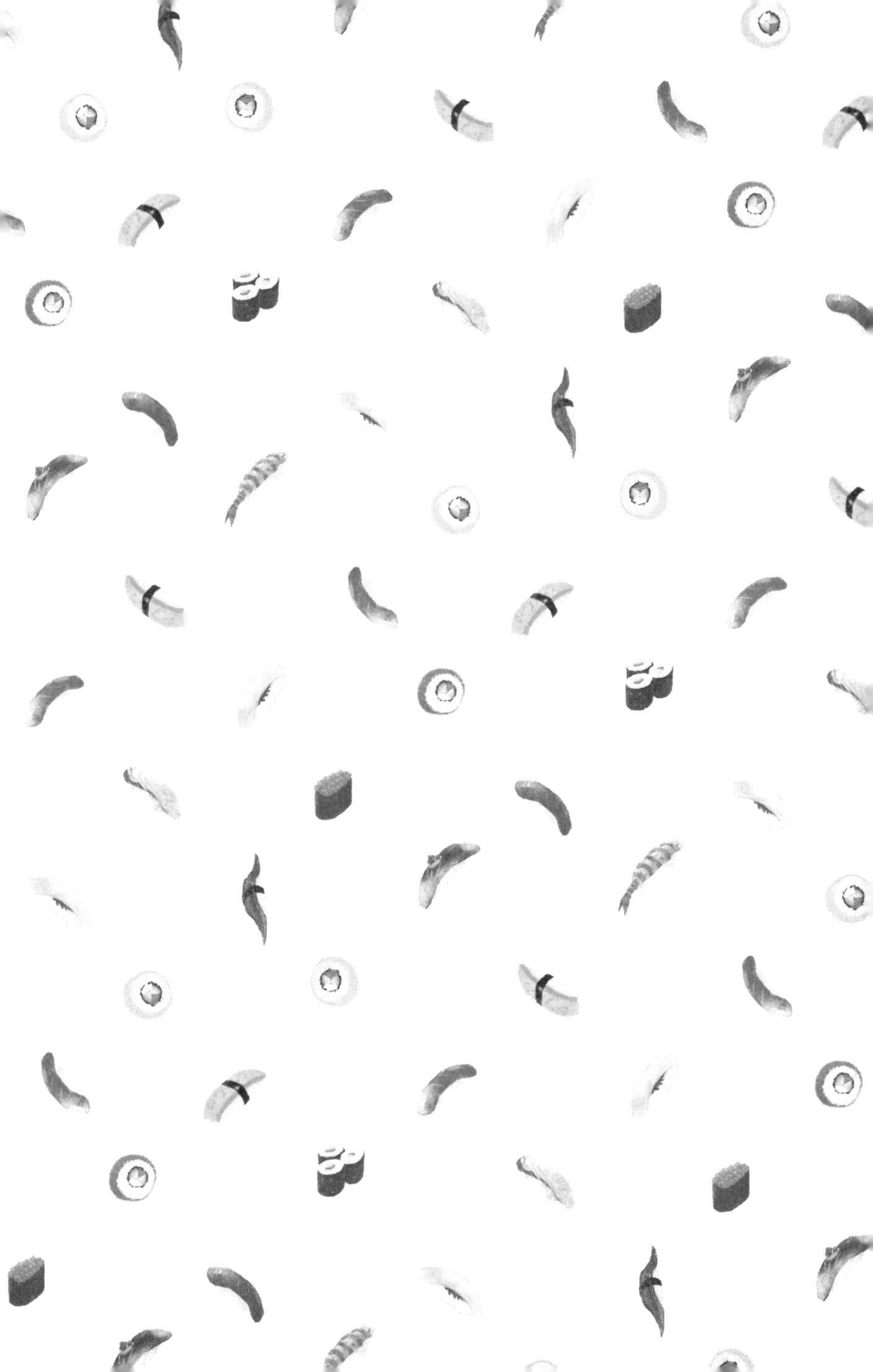